AF460375

DÉMOCRITTE PRÉTENDU FOU,

COMEDIE

EN TROIS ACTES,

Representé pour la premiere fois le Lundi 24. Avril 1730. par les Comediens Italiens ordinaires de Sa Majesté, sur leur Théâtre de l'Hôtel de Bourgogne.

A PARIS

Chez LOUIS-DENIS DELATOUR, Imprimeur de la Cour des Aydes, en la maison de feüe la Veuve Muguet, ruë de la Harpe, aux trois Rois.

M. DCC. XXX.

Avec Approbation & Privilége du Roy.

ACTEURS.

DE'MOCRITTE, *Philisophe Grec, sage railleur.*

PHILOLAUS, *ami de Démocritte.*

DAMASTUS, *frere aîné de Démocritte.*

HIPOCRATE, *ancien ami de Démocritte.*

SOPHIE, *affranchie de Démocritte, & son amante.*

MYSIS, *autre affranchie de Démocritte, amante de Philolaus.*

ARISTIPPE, *Philosophe Cyrenaïque, demi Epicurien.*

DIOGENE, *Philosophe Cynique.*

STRATON, *Philosophe Stoïcien.*

PHILOXENE, *premier Senateur d'Abdere.*

Plusieurs autres Senateurs députez vers Démocritte; Personnages muets.

DAMASIPPE, *Fermier de Démocritte.*

CRITON, *Jardinier de Démocritte.*

La Scene est dans un Village peu distant de la Ville d'Abdere, duquel Démocritte est Seigneur, & dans son Château même, le lieu de la Scene est un Peristible qui donne sur ses Jardins.

DÉMOCRITTE PRÉTENDU FOU.
COMEDIE.

PREMIER ACTE.

SCENE PREMIERE.

DAMASIPPE, CRITON.

CRITON.

J'AY rendu votre lettre au frere à Démocritte,
Au Seigneur Damastus lui-même, en propre main,
Qui vient ici tout au plus vîte.

DAMASIPPE.

T'a-t'il baillé pour boire ?

CRITON.

Oh que nanin,
Un gros riche est toûjours vilain.
Encor à le trouver ai-je eu bien de la peine,
Car il étoit sorti tout dréz le fin matin,
Pour aller conter son chagrin
Cheux le Sénateur Philoxene ;

Où falloit voir comme il se déchaînoit
Contre Démocrite son frere ;
Disant que l'esprit lui tournoit,
Qu'il falloit le chasser d'Abdere,
Ou du moins l'y mettre en prison ;
Qu'il alloit prendre une esclave pour femme ;
Ce qui déshonnoroit grandement sa maison :
Encore le Senat lui donnoit-il raison,
Dont j'enrageois au fond de l'ame.
Car pour le mariage, il n'en est rien, croi ?

DAMASIPPE.

Je te dis qu'il se fera, moi ;
Car, quien, voi-tu, je le lis dans sa mene,
Il est amoureux comme un fou,
Et sa Maîtresse l'aime itout,
Depuis biaucoup de tems, c'est ce que j'examene.

CRITON.

Mais par qui Damastus apprend-il tout ceci ?

DAMASIPPE.

Par moi.

CRITON.

Par toi ?

DAMASIPPE.

Oüi, c'est moi qui lui mande,
Damastus tout exprès m'a fait entrer ici,
Et c'est lui qui me le commande.

CRITON.

Oüi mais, si nan le sçait, tu te feras chasser.

DAMASIPPE.

Ce n'est pas ce que j'apprehiande,
Car il m'a bien promis de me récompenser,
Et de me faire mieux placer.

CRITON.

M'est avis, Monsieur Damasippe
Qu'ous agissez par un mauvais principe :
De Démocrite ici n'es-tu pas le Farmier,
Comme je sis son Jardenier ?
Doit-on ainsi trahir son Maitre ?

DAMASIPPE.

A sarvir Damastus sis-je pas obligé ?

Le plaiſir qu'il m'a fait, je dois le reconnêtre,
Il m'a mis dans l'emploi que j'ai.
Mais, quien, apprend tout le miſtere :
Le Seigneur Damaſtus eſt riche & glorieux,
Et n'aime pas à voir ſi près de ly ſon frere,
A moiqué Philoſofle, à moiqué Laboureux,
Faire ici deux mequiéz qui lui ſemblont honteux ;
Et puis, prendre pour femme une pauvre affranchie,
Qui va le rendre encor plus gueux.
Or pour empêcher ſa folie,
Il veut ſçavoir par moi ce qui ſe paſſe entre eux,
Et c'eſt par là qu'il le décrie,
Afin qu'on le renvoye à Milet ſa patrie ;
C'eſt ce qui fait qu'ici chacun le tiant pour fou.

CRITON.

Hemais, apprend-moi donc par où.

DAMASIPPE.

C'eſt la leune, dit-on, qui le rend leunatique ;
Car à l'enviſager trop ſouvent il s'applique :
Et puis, il rit toûjours, ſe gauſſe d'un chacun :
Et lâche à tout moment queuque trait ſatyrique,
Même contre les gens les plus hors du commun.

CRITON.

Encor ça vaut-il mieux qu'un fou merancolique.

DAMASIPPE.

Oüi, mais à bien des gens ça deviant importun.
Se mocque-t'on ainſi de tous les hommes ?
Ici, dit-il, loin d'eux il charche du repos,
Il veut choiſir ſes gens, les autres ſont des ſots ;
C'eſt ce qui fait que touſtant que je ſommes,
Je lui tombons tretous à dos.
Il rit, même étant ſeul, marque de ſa folie ;
Ou bian, ſe promenant au milieu des tombeaux,
Il va ſe gobarger des morts mal à propos,
Comme s'ils avient tort de n'être plus envie.

CRITON.

Oh ! pour le coup, c'eſt ly même quia tort ;
C'eſt malgré ſoi qu'on deviant mort,
Aucun d'eux n'en avoit envie.

DAMASIPPE.

De plus, il eſt prodige, & ſans ménagement,
Pagnié parcé, donnant ſon bian trop librement;
A la richeſſe il fait la nique,
Diſant qu'en avoir trop cauſe de l'embarras,
Et donne à l'eſprit la colique.

CRITON

Il n'aime pas l'argent: faut qu'il ait bian des rats.

DAMASIPPE.

Il eſt encor plus fou dans ſa façon de vivre.
Queuque fois on le voit tout le jour ſur un livre;
Et d'autres fois la tête vars les Cieux,
Il paſſe bravement une nuit toute entiere,
Le nez en l'air, ouvrant ſes deux grands yeux,
A regarder l'Etoile pouſſigniere.
Ou bian, prend ſon papier, ſa regle & ſon compas,
Et fait, ce m'eſt avîs, de la ſorcellerie,
Des ronds, & des quarrez, & des xx, & des as,
Qu'il appelle Gigometrie;
Oh! c'eſt-là le mequié dont il n'eſt jamais las.

CRITON.

Comment! Il eſt ſorcier.

DAMASIPPE

Faut bien, car il devenne
Le jour où le ſouleil doit paretre écliſſé.
Il fait bian pis, il connoît à la mene
Quand une fille a mal varſé,
Et le biau ſexe s'en chagrene.

CRITON.

C'eſt le moyan d'être biantôt chaſſé.

DAMASIPPE.

Quien, juge encor s'il a l'eſprit bleſſé;
Il montre aux gens une machine ronde,
Faite de differens morciaux;
Une boule au mitan de vingt petits çarciaux,
Paroît en l'air, & vla comme eſt bâti le monde,
A ce qu'il dit, les Dieux l'avont ainſi formé.

CRITON.

Pour s'être mis ça dans la tête

Il faut être un fou bien pommé,
Un Philosofle est-il si bête ?
Oüi : je le tians fou confirmé.
Et sa Maîtresse est-elle itou ratiere ?

DAMASIPPE.

Oh ! pas un brin, en aucune façon,
Alle est douce comme un mouton,
Et de plus ne caquette guere ;
Alle en dit peu, mais il est bon :
Mais pour la sœur qu'alle a, c'est un fieffé dragon ;
Oüi ; de notre Province entiere
C'est la plus maligne guenon
Quand on échauffe sa çarvelle. ....
Mais la voici qui gronde avec son amoureux :
Criton, sauvons-nous tous les deux,
Il ne fait pas bon auprès d'elle.

SCENE DEUXIE'ME.

MYSIS, PHILOLAUS.

MYSIS.

NOn, croyez-moi, Philolaüs,
Tous vos sermens sont superflus.
Vous venez près de moi débiter la fleurette,
Passer le tems, vous amuser ;
Mais il faut vous désabuser ;
Je vous l'ai dit cent fois, & je vous le repette ;
Ou donnez moi garant de votre feu,
Ou songez à faire retraite,
Chez moi l'amour n'est point un jeu.

PHILOLAUS.

Je vous entends toûjours me gronder ou vous plaindre,
Que manque-t'il à mon amour ?

MYSIS.

Qu'il ose paroître au grand jour ;
Qui vous oblige à le contraindre ?
Mais, votre embarras, je le vois,

Vous rougissez de votre choix.
Je suis de Démocritte une simple affranchie,
Vous serez, vous, bientôt un Senateur,
De nos rangs inégaux mon amour se défie;
Là-dessus rassurez mon cœur.

PHILOLAUS.

Quel garant voulez-vous de mon amour extrême?

MYSIS.

Je veux Démocritte lui-même,
Qu'il sçache votre passion,
Qu'il approuve que je vous aime,
Et que de notre hymen il soit la caution.

PHILOLAUS.

Vous demandez l'impossible:
Qu'un Philosophe, à qui l'amour est inconnu,
Puisse approuver qu'on ait un cœur sensible.

MYSIS.

Il aime; son tour est venu.

PHILOLAUS.

Il aime? eh qui?

MYSIS.

Ma sœur.

PHILOLAUS.

Gardez-vous de le croire;
Ce bruit vient de son frere aîné,
Son éternel censeur, & son critique né,
Homme bouffi de vaine gloire,
Qui dans Abdere tous les jours
Répand de lui mille mauvais discours.
Le sot Peuple, ébloüi de sa richesse immense,
A son ton d'important peut bien ajoûter foi;
Mais là-dessus je sçais ce que j'en croi.

MYSIS.

Fort bien; mais je le sçais avec pleine assurance.
Vous en rapportez-vous à moi?

PHILOLAUS.

Democritte aimeroit? & vous en êtes sûre?
Encor? sur quelle conjecture?

MYSIS.

Sur mille, & ma sœur l'aime aussi.

PHILOLAUS.

Je suis impatient de sçavoir tout ceci.

MYSIS.

D'abord, dès qu'il quitte l'étude,
Il demande Sophie, & ne s'en peut passer;
De son front elle seule a le droit de chasser
Ce qu'un trop long travail y peut laisser de rude;
Vient-elle à paroître? soudain
De son air enjoüé le retour est certain.
Plus de marques de lassitude.
Pour moi, qui suis pourtant de plus joyeuse humeur,
Jamais de m'appeller il ne me fait l'honneur.

PHILOLAUS.

Il l'appelle par habitude;
Vous avez toutes deux même part à son cœur.

MYSIS.

Un des goûts de ma sœur est de parler morale,
Et volontier il l'en régale,
Mais d'un ton doux, d'un air humain;
Point de grimace magistrale;
Tout au contraire, il aime à lui prendre la main,
Le moindre petit soin près d'elle l'interesse;
Il rajuste un frison; il détourne une tresse,
Qui lui couvre un peu trop le sein;
Sur lequel sein, quand elle se redresse,
(Ce qu'elle fait fort souvent à dessein,)
Vous voyez de mon Sage une œillade traîtresse
Se rabattre & tomber soudain,
Tout en lui prêchant la sagesse,
Et la leçon marche toûjours son train.
Et puis, sous le menton, doucement la caresse,
Quand elle a bien compris quelque trait un peu fin;
Je pourrois vous citer mainte autre gentillesse.
Hébien? m'en croira-t'on? serez-vous sûr enfin
De leur mutuelle tendresse?

PHILOLAUS.

Vous remarquez avec finesse,
Et je sens là beaucoup de verité.

MYSIS.

Ce qui ne m'en plaît pas, c'est leur timidité,

Quoïque l'amour ſoit peint ſur leur viſage ;
Ils n'en parlent pas le langage,
Ou le couvrent d'obſcurité.

PHILOLAUS.

Démocritte eſt-il donc un homme à ſotte honte ?

MYSIS.

Lui timide ? L'amour peut l'avoir rendu tel.

PHILOLAUS

Dans un auſſi libre mortel,
Ce changement ſeroit choſe bien prompte.

MYSIS.

Allez donc au plûtôt declarer votre amour,
Et nous verrons le leur oſer paroître au jour ;
L'exemple échauffe le courage ;
Pendant que vous êtes ici,
Je veux voir ſur ce point Démocritte éclairci.

PHILOLAUS.

Pour lui parler de notre mariage,
Soit, mais pour ſon ſecret, s'il prétend le cacher ...

MYSIS.

Il faut par force l'arracher.

PHILOLAUS

Quoi qu'il ne ſoit pas homme à ſe laiſſer ſurprendre,
Vous n'aurez là-deſſus rien à me reprocher,
J'obéïs, & vais le chercher.

MYSIS.

Et moi preſſer ma ſœur de vouloir me l'apprendre,
Mais je vois Damaſtus : ô ciel ! l'homme odieux !
Il vient pour nous gronder ; eſſuyez la tempête.

PHILOLAUS.

C'eſt un fâcheux emploi que de lui tenir tête ;
N'importe, allons, j'y ferai de mon mieux.

SCENE TROISIE'ME.

DAMASTUS, PHILOLAUS.

DAMASTUS

COmment ? vous en ce lieu, ſans entrer chez mon frere ?
Vous, ſon plus familier ami ?

Seroit-il encore endormi.

PHILOLAUS.

Je n'ai point avec lui de trop pressante affaire.

DAMASTUS.

Hobien, s'il dort, je prétens l'éveiller,
Pour lui reprocher sa folie ;
Mais vous, qui comme ami, le devez conseiller,
Vous avez quelque part au bruit qu'on en publie ;
On le met au nombre des fous,
Et le monde s'en prend à vous.

PHILOLAUS.

Je le sçais, mais, Monsieur, bientôt je ferai taire
Tous ces parleurs impertinens,
J'envoyai l'autre jour un livre dans Abdere,
Qui pourra détromper les plus honnêtes gens.
Comme c'est son dernier ouvrage,
Il peut rendre bon témoignage
Que son Auteur n'a pas perdu le sens.
Mais vous, son frere aîné, si prudent & si sage,
Comment écoutez-vous ces insolens discours ?

DAMASTUS.

Ah ! Monsieur, sa folie augmente tous les jours ;
Ces bruits sont bien fondez, & c'est de quoi j'enrage.
Vous êtes son ami depuis trop peu de tems,
Pour bien connoître sa manie :
En deux mots écoutez sa vie,
Vous verrez qu'il est fou dès ses plus jeunes ans.
Quand nous eumes fait nos partages,
Des grands biens qu'il avoit, sçavez-vous ce qu'il fit ?
Il mit presque le tout à faire des voyages,
A chercher en tous lieux des Sçavans & des Sages,
Et c'étoit, disoit-il, pour se former l'esprit ;
Voyez un peu le beau profit.
Ou bien à soulager en ce lieu des familles
Qu'il voyoit dans la pauvreté ;
Avancer des garçons, ou marier des filles,
Et c'étoit une charité
Où l'on a trouvé pis que de la vanité.

Si bien que de ſon heritage
Qu'a-t'il de reſte ? helas ! ce malheureux Village,
Dont il eſt le chetif Seigneur ;
Le beau bien ! & le bel honneur !

PHILOLAUS.

Ce bien eſt encor plus qu'il ne faut pour un ſage,
J'y vois tout bien entretenu,
Il eſt d'aſſez grand revenu
Pour l'y faire vivre à ſon aiſe.

DAMASTUS

D'accord, s'il n'avoit plus ſon prodigue penchant ;
Mais qu'à fait notre fou ? le mot ne vous déplaiſe.
A ſon retour d'Egypte il voit chez un Marchand
Certaine Eſclave Athenienne,
Jolie encor, & même à la fleur de ſes ans ;
Quoique mere de deux enfans.
Le croirez-vous ? il joint leur miſere à la ſienne,
Il les achete toutes trois,
J'entens deux filles & la mere,
Fardeau d'épouvantable poids.
Des filles il s'érige en Pere ;
La mere ici lui tient lieu de Fermier,
D'Intendant, d'Oeconome, habile ménagere,
Ayant encor ſous elle un homme du métier ;
Et dans cette noble famille,
Vingt ans après, pour femme il choiſit une fille,
C'eſt moi qui l'ai ſçû le premier.

PHILOLAUS.

Permettez-moi de douter de la choſe.

DAMASTUS.

Oh non, je ſçai qui m'en inſtruit.

PHILOLAUS.

Ce pourroit n'être qu'un faux bruit.
Il m'en auroit parlé.

DAMASTUS.

Je ne croi pas qu'il oſe.

PHILOLAUS.

J'atteſte le Soleil qui luit,
Que mon ignorance eſt ſincere,

Et voudrois plus que vous découvrir ce mystere.

DAMASTUS.

Ah ! nous le sçaurons aujourd'hui.
Il vient, retirez-vous, je le croi necessaire,
J'irai vous dire tout en sortant d'avec lui.

PHILOLAUS.

Je vous attends, hâtez-vous de le faire.

SCENE QUATRIEME.

DE'MOCRITTE, DAMASTUS.

DE'MOCRITTE, *riant de tems en tems.*

AH ! Monsieur mon Frere, c'est vous,
Bon-jour. Hé bien ? quelles nouvelles ?

DAMASTUS, *d'un ton colere.*

J'en apprens de vous de fort belles.

DE'MOCRITTE.

Là, là, parlez sans vous mettre en corroux.

DAMASTUS.

Vous voulez, m'a-t'on dit, tâter du mariage.

DE'MOCRITTE.

Eh ! pourquoi non ? ne suis-je pas en âge ?

DAMASTUS.

Vous allez épouser une Esclave.

DE'MOCRITTE.

Fort bien ;
Cela se peut encor, mais je n'en sçavois rien.
Comment la nommez-vous ?

DAMASTUS.

On la nomme Sophie,
Vous faites le plaisant, & vous niez le cas.

DE'MOCRITTE.

Je ne m'en ressouvenois pas.
Vous parliez d'une Esclave, elle est mon affranchie.
Hé bien ? n'est-elle pas jolie ?

DAMASTUS

Quoi ! vous auriez si peu de cœur ?
Un tel hymen vous fait bien de l'honneur.

DE'MOCRITTE.

Comment donc? repand-on quelque mauvais bruit d'elle?

DAMASTUS.

Non, je le veux, elle est sage, elle est belle;
Mais a-t'elle du bien?

DE'MOCRITTE.

Elle n'a pas le sou.

DAMASTUS.

Allez, mon Frere, allez, vous étes un vieux fou.

DE'MOCRITTE.

Je suis votre cadet, du moins.

DAMASTUS.

Laissons mon âge;
Mais d'où sort cette fille, d'où?

DE'MOCRITTE.

Elle sort d'une mere sage,
Et sera sage aussi, comme porte son nom;
Ce titre me semble assez bon.

DAMASTUS.

Oh! ne vantez point tant leur vertu, leur sagesse:
Sont elles de fort noble sang?

DE'MOCRITTE.

Je croyois que sur la noblesse
Ces titres-là tenoient le premier rang.

DAMASTUS.

Vertu, sagesse, oh! oüi, voilà de beau langage;
Cela soûtient fort un ménage!

DE'MOCRITTE.

Elle est habile œconome de plus,
Par elle ma maison est reglée à merveille;
Vous ne lui voyez point d'ornemens superflus,
Elle les hait.

DAMASTUS.

Je la crois sans pareille.

DE'MOCRITTE.

Moderez dans tous nos desirs
A nos besoins, à nos plaisirs,
Rien encor n'a manqué par les soins de Sophie;
Nous avons fort bien vécu tous:
Si l'épouser est faire une folie,

Hé bien, mon frere, soit, je suis au rang des fous.

DAMASTUS

Mais vos enfans un jour, auront-ils de quoi vivre ?

DE'MOCRITTE

N'est-ce pas un trésor qu'un bon exemple à suivre ?
Ils vivront de peu comme nous.

DAMASTUS.

Il faut avoir l'esprit bien faux ou bien bizarre
Pour haïr tant le bien !

DE'MOCRITTE.

Je ne le hait point tant ;
Mais seulement, je crois que pour vivre content
Il n'est pas besoin d'être avare.
Vous croyez être heureux mille fois plus que moi :
Vous, par exemple.

DAMASTUS.

Oh ! oüi sans doute, je le croi.

DE'MOCRITTE

C'est justement le point où votre esprit s'égare.
Comparons notre sort. Vous avez un Palais
Bien meublé, bien garni d'Officiers, de Valets,
Et de chevaux & de mulets.
Force maisons des champs, une Charge, des rentes ;
Une femme des plus galantes,
Qui dans Abdere encor prétend faire fracas ;
Quoique déja les ans flétrissent ses appas.
Que de soins ! de calculs ! de peines differentes !
Où trouver du repos entre tant d'embarras ?

DAMASTUS.

On sçait qu'aux fainéans ces soins ne plaisent pas.

DE'MOCRITTE.

Vous vous levez avant l'aurore
Pour compter, supputer avec un Intendant ;
Votre femme est au Bal encore,
Et vous l'attendez en grondant :
Vous fremissez en lisant sa dépense,
Car c'est un article abondant.

DAMASTUS.

Elle doit soûtenir son rang & sa naissance,

DE'MOCRITE.

Cet article fini, nouveau chagrin commence;
On compte la recette, on s'y trouve en défaut,
La dépense a monté plus haut;
Vos biens ont essuyé mille accidens étranges :
On ne reçoit rien des Fermiers,
Le bled moisit dans leurs greniers,
Ou le feu s'est mis dans leurs granges;
Il faut par les cheveux arracher les deniers.

DAMASTUS.

Les sacs d'argent chez vous arrivent par milliers.

DEMOCRITTE

Vient-on aux maisons de la Ville?
Recette encor plus infertile.
Les loyers sont fondus en reparations,
Que vous jugiez peu necessaires;
On plaide avec les locataires,
On veut des diminutions.

DAMASTUS.

Oüais, vous sçavez bien mes affaires.

DE'MOCRITTE.

Mais voici bien pour vous le coup le plus mortel!
Ce sont les frais qu'on fait dans votre hôtel.
Que vous avallez de couleuvres!
Potages, bisques, mets, entre-mets, & hors d'œuvres;
Que sçai-je, moi? connois-je tout cela?
Le dégât des Valets......

DAMASTUS.

Holà, mon Frere, holà.

DE'MOCRITTE.

Les chars & les harnois, l'ornement des Esclaves.

DAMASTUS.

Mon frere, finissez. Je suis dans des entraves. *bas.*
Je brille dans le monde, est-ce donc un malheur?
Mes Officiers, mon train par tout me font honneur,

DE'MOCRITTE.

Je l'avoüe, & sur tout les grands airs de Madame.

DAMASTUS. *bas.*

Ah! le bourreau qu'il est, il me déchire l'ame.

Etes-

Etes-vous plus heureux, vivant en Laboureur?
Mes soins & nobles & splendides
N'ont-ils pas plus d'attraits, que vos emplois sordides?

DE'MOCRITTE.

Eh! reconnoissez votre erreur;
C'est pour autrui que brille cette pompe,
Vous croyez en joüir, & c'est ce qui vous trompe,
Vous n'avez du plaisir qu'une fausse lueur.
Mais venons à present au bonheur de ma vie:
D'abord, pour Intendant j'ai l'aimable Sophie,
Qui paroissant le mémoire à la main,
Me trouve tous les jours l'œil gai, le front serain;
Comme en elle je me confie,
Nos comptes sont aisez, d'autant plus qu'ils sont courts.
Après, selon mon habitude,
Le reste du matin je le donne à l'étude,
Délices de l'esprit, ou pendant les beaux jours
Dans mes Jardins je fais deux ou trois tours;
J'y vois ma richesse renaître;
Tout y croît, y fleurit, tout y sent l'œil du maître.
Et lorsque le Soleil est au haut de son cours,
un repas de mets domestiques
Apprêté par de belles mains,
Vins de mon crû, fruits nez dans mes Jardins.
Y flattent mieux mon goût que les plus magnifiques.

DAMASTUS.

Je maigris au recit de vos repas rustiques.

DE'MOCRITTE.

Si j'ai quelques amis, je ne les dois qu'à moi;
Point de défiance importune,
Qu'ils soient amis de ma fortune.
Elle est mince, & par là m'assure de leur foi.

DAMASTUS.

Quel caprice! quelle chimere!
Que de se faire sottement
Un merite de sa misere!
Encor un coup, vous étes fou, mon frere,
Vous le confirmez pleinement.

Quoi ma femme au milieu d'Abdere,
Recevroit un salut de votre ménagere ?
Et souvent en public auroit le créve-cœur
De s'entendre par elle intituler ma sœur ?
Elle en mourroit de tristesse & de honte.
Il ne faut pas que l'on y compte,
Ou je dépenserai la moitié de mon bien,
Pour empêcher qu'il en soit rien.

DE'MOCRITTE.

La mémoire vous manque, ou votre esprit s'égare,
Souvenez-vous que vous étes avare.

DAMASTUS

A votre aîné parlez plus décemment.
Quoi ? toujours à mon nez ricanner sottement? *le voyant*
N'est-il point de remede à ce rire indocile ? *rire.*

DE'MOCRITTE.

Que voulez-vous ? c'est mon temperamment.

DAMASTUS.

Ah ! c'est folie assurément,
Et de ce pas je retourne à la Ville
Chercher un Medecin habile
Qui vous compose un fort médicament.

DE'MOCRITTE, *riant.*

Songéz à purger seulement
Et votre orgueil & votre bile.

SCENE CINQUIE'ME.

SOPHIE, DE'MOCRITTE.

DE'MOCRITTE.

ÇA, donnons un moment aux soins de ma maison.
Ah ! bon, approchez-vous, Sophie.
Votre mere va-t'elle au Temple de Junon ?

SOPHIE

Oüi, Monsieur, aujourd'hui le Prêtre y sacrifie,
Je viens sçavoir si vous trouverez bon
Que je lui tienne compagnie.

DE'MOCRITTE.

Pour cela, ma chere enfant, non.
Quelle prenne dans le Village
Quelque compagne du voyage ;
Et pour les escorter, Damasippe & Criton.
Votre presence ici m'est necessaire ;
Il y vient du monde d'Abdere,
C'est à vous à le recevoir.
Il faut de plus nous faire bonne chere,
Et votre sœur à tout ne pourroit pas pourvoir.

SOPHIE

Vous obéïr est ma premiere affaire,
Et c'est servir les Dieux que remplir son devoir.

DE'MOCRITTE.

Fort bien. Que diriez-vous si ce pelerinage
Vous valoit bien-tôt un époux ?

SOPHIE.

Ah ! je ne songe point, Monsieur, au mariage.

DE'MOCRITTE.

Eh ! pourquoi non ? on le peut à votre âge.

SOPHIE.

C'est qu'on peut plaire à tel dont on fait peu de cas ;
Mais aimer tel aussi qui ne nous aime pas.

DE'MOCRITTE.

Auriez-vous, par hazard, quelque secrette attache ?

SOPHIE.

Vous le sçauriez, je ne vous cache rien.

DE'MOCRITTE.

Pour vous former un doux lien,
Quel seroit votre goût ? qu'il est bon que je sçache.
Il vous faut un mari qui soit jeune, d'abord,
C'est le point le plus necessaire.

SOPHIE.

Vous vous trompez, tout au contraire ;
Un jeune me déplairoit fort.

DE'MOCRITTE.

Vous déplairoit ? ma surprise est extrême ;
Et pourquoi donc ?

SOPHIE.

C'est que je veux qu'il m'aime ;

Or afin qu'il m'aimât long-tems,
Je le voudrois au moins de quarante ans :
Un plus jeune est souvent sa maîtresse à lui-même.

DE'MOCRITTE.

Cette pensée est de bon sens.

SOPHIE.

J'ai remarqué que la jeunesse
Passe chez une femme avec plus de vîtesse
Qu'elle ne fait chez un mari ;
Que dans le cours des ans, un époux à quarante
Paroît encor jeune & fleuri,
Et que notre éclat passe à trente :
Quand un trop jeune époux me paroît dégouté,
Je lui pardonne, ce me semble :
Pour conserver l'amour, il faut que la beauté
Marche du même pas d'un & d'autre côté,
Et qu'on ne la perde qu'ensemble.

DE'MOCRITTE.

Que ce discours a de solidité !
Il passe mon attente, & j'en suis enchanté.
Où voit-on fille de votre âge
Donner au mien tant d'avantage ?
Un mouvement si doux vient me saisir
Quand j'entens de vos traits d'esprit & de sagesse,
Que je sens presque le plaisir
D'un amant près de sa maîtresse.
Croyez ce mouvement paternelle tendresse,
C'est estime & bonne amitié ;
Chez un homme déja si loin de sa jeunesse
Tout autre sentiment feroit honte & pitié.

SOPHIE, *d'un air obligeant.*

Qui, vous ?

DE'MOCRITTE.

Laissons cela, venons à notre affaire.
Il faudra, je l'ai dit, nous faire bonne chere.

SOPHIE.

Ne puis-je sçavoir, à peu près,
Le nombre des amis que vous pouvez attendre,
Pour mieux ordonner les apprêts ?

DE'MOCRITTE.

Dans un moment je pourrai vous l'apprendre ;
J'apperçoi mon ami solitaire, inquiet,
Laissez-nous seuls, je veux en sçavoir le sujet.

SCENE SIXIEME.

PHILOLAUS, DE'MOCRITTE.

DE'MOCRITTE.

Philolaüs, quel sujet vous inspire
Un air si sombre & si rêveur ?

PHILOLAUS.

J'ai certaine chose à vous dire,
Dont l'aveu fait trembler mon cœur,
Je crains de vous fâcher, ou de vous faire rire.

DE'MOCRITTE.

De me fâcher ? vous avez tort.
Courage, allons, parlez, qu'est-ce ?

PHILOLAUS.

J'aime, d'abord,
L'approuvez-vous ?

DEMOCRITTE

Selon : quelle est la belle ?

PHILOLAUS.

Ah ! c'est bien la beauté la plus spirituelle !
La plus vive ! la plus....

DE'MOCRITTE, *riant.*

Oh ! je sçai tout cela,
Ce qu'on aime est toûjours parfait, & par delà.

PHILOLAUS.

Quoi ! deja de la raillerie ?
Pour un moment épargnez-moi.

DE'MOCRITTE.

Ah ! volontiers. Je ris sans sçavoir trop pourquoi ;
Pardon, poursuivez, je vous prie ;
Vous avez fait un beau choix, je le croi.
Quelle est cette beauté, contentez mon envie,

PHILOLAUS.

Je tremble à la nommer, c'est....

DE'MOCRITTE.

Qui?

PHILOLAUS.

Votre Affranchie.

DE'MOCRITTE.

Mon Affranchie! ho ho, voici du serieux;
Mais laquelle? car j'en ai deux.

PHILOLAUS.

La Cadette, je sçai votre penchant pour l'autre,
Apprenez mon secret, puis qu'on m'a dit le votre.

DE'MOCRITTE.

Qui vous l'a dit?

PHILOLAUS.

L'homme en courroux,
Qui vient de sortir de chez vous.

DE'MOCRITTE, *s'éclattant de rire.*

Mon pauvre ami, vous étes bien credule,
Vous vous pressez trop de juger.
Je me mocquois d'un Frere ridicule,
Qui par son vain couroux croit ici m'outrager.
Enflé, bouffi, crevant de sotte gloire;
Cet hymen, selon lui, blesseroit son honneur;
J'ai fait tous mes efforts pour le lui faire croire,
Et rabattre, en raillant son ton plein de hauteur.
Il est sorti d'ici l'ame peu satisfaite.
Mais revenons à Mysis la cadette:
Philolaüs songez-vous bien
Combien sont inégaux votre sort & le sien?

PHILOLAUS.

Son éducation, vos soins, & votre zéle
Ont annobli son sort, reparé son malheur;
Vous-même avez formé son esprit & son cœur,
C'est vous seul que je vois en elle.

DE'MOCRITTE.

Elle a l'esprit vif, enjoüé, poli;
Elle paroît sincere & naturelle,
Et son cœur n'a point pris, je croi, de mauvais pli;
Son visage est presque accompli,

Elle eſt bien faite, a la gorge fort belle,
Et quand vous me voyez en elle,
N'eſt-il pas vrai que je ſuis bien joli?

PHILOLAUS.

Toûjours le trait railleur; pour le coup j'en apelle,
Et pretends que vous avez tort.
En vain votre amour ſe déguiſe,
Oüi, vous aimez ſa Sœur, par là me voilà fort:
Un tel exemple m'autoriſe;
Car vous n'étes pas homme à faire une ſottiſe.

DE'MOCRITTE.

Moi? pourquoi non? le prenez-vous par là?
Ma ſottiſe jamais n'excuſeroit la votre;
Je ſuis homme, & je puis être fou comme un autre,
Le feriez-vous moins pour cela?

PHILOLAUS.

Le mot n'a plus rien qui me bleſſe,
En marchant ſur vos pas ma folie eſt ſageſſe.

DE'MOCRITTE.

Vous voulez donc que j'aime? abſolument?
Permis à vous d'en avoir la penſée.

PHILOLAUS

Oüi, mais notre amitié paroît un peu bleſſée
De votre vain déguiſement.

DE'MOCRITTE.

Encor un coup, croyez que pour Sophie
Je n'ai jamais ſenti ce qu'on apelle amour;
je ne le connus de ma vie.
Extravaguez tout ſeul, ſans vouloir en ce jour
M'accuſer de votre folie.
D'ailleurs, ſi je voulois vous en faire un ſecret,
Croyez-vous l'arracher d'un homme de mon âge:

PHILOLAUS.

Non, vous feignez trop bien, & j'en ai du regret;
C'eſt de votre amitié me refuſer un gage;
Mais ce ſeroit être indiſcret,
Que vous preſſer là-deſſus davantage.

DE'MOCRITTE.

Vous voilà bien embarraſſé;

Vous croyez penetrer où vous ne voyez goute ;
Non, si j'avois le cœur blessé,
Mon cher Philolaüs, vous le sçauriez sans doute ;
Mais mon tems d'aimer est passé.

PHILOLAUS.

Qui vous en a donné dispense ?
Il en est tems plus que jamais ;
Vous n'avez pas encor vos huit lustres complets ;
On peut vous croire amant, & dans cette esperance
Une fille languit & perd ses plus beaux ans.

DEMOCRITTE.

Est-il vrai que Sophie y pense ?

PHILOLAUS.

Cela se peut sur le bruit que j'entens ;
Elle n'ignore pas ce qu'en disent les gens :
C'est sur votre amour, en partie,
Que Damastus fonde votre folie.

DE'MOCRITTE.

Ces bruits dureront peu de tems,
Car je vais employer & mes soins & mon zele,
Pour lui trouver un époux digne d'elle.

PHILOLAUS.

Sçavez-vous que credule à ses plus malins traits,
Le peuple appelle ici le celebre Hipocrate,
Pour vous guérir, dit on, & l'esprit & la rate ?

DE'MOCRITTE.

Oüi, j'en ai des avis secrets ;
C'est un ami de vieille date :
L'amitié nous unit pendant mes jeunes ans,
De ses chaînes les plus parfaites ;
J'ai sçû ses folles amourettes,
Et le galant vieillard a bien passé son tems.

PHILOLAUS.

Mais sçavez-vous aussi qu'un essain de Sçavans
Vient vous examiner sur la Philosophie,
Et sur les autres chefs qu'on croit votre folie ?

DE'MOCRITTE.

Avec plaisir je les attens,
Pour beaucoup rire à leurs dépens.

Allez conter vos feux à Mysis, votre amie ;
Mais sur tout détrompez Sophie
De ce que dit le peuple assez mal éclairci.
Vos desirs curieux n'ont pas bien réüssi ;
N'y revenez de votre vie.
Moi dans mon Cabinet je cours,
C'est où m'attendent mes amours.

Fin du premier Acte.

SECOND ACTE.

SCENE PREMIERE.

DE'MOCRITTE, CRITON, *s'avançant du fond du Théatre.*

DE'MOCRITTE.

PHilolaüs marque assez d'imprudence
Dans l'hymen qu'il s'est proposé ;
Je ne m'y suis point opposé ;
Et ce seroit en moi très-lâche complaisance,
Si je n'avois mes raisons pour cela ;
Il est plus heureux qu'il ne pense,
Même qu'il ne merite. Ah ! Criton, te voilà ?
Je te croyois parti.

CRITON.

C'est ce que j'allons faire,
Mais, Monsieur, partant pour Abdere,
Il m'est revenu dans l'esprit
Qu'on m'y bailla l'autre jour un écrit,
Que je devois ici vous rendre en diligence ;
Si je ne vous l'ai pas rendu,
C'est que j'ai crû l'avoir pardu ;
Je l'ai charché long-tems, n'ayant pas souvenance

De l'avoir tout exprès bouté dans mon gousset,
A cause qu'on disoit qu'il étoit d'importance.
Je vians de l'y trouver, ce malheureux billet ;
Pardonnez-moi mon oubliance,
M'est avis qu'oublier n'est pas avoir mal fait :
Car ça se fait sans qu'on y pense.

DE'MOCRITTE

C'est fort bien s'excuser ; très-juste consequence.
Combien l'as-tu gardé ?

CRITON

Je l'ai depuis cinq jours ;
La mémoire me foit souvent ces vilains tours.

DE'MOCRITTE.

Si Criton oublioit à boire,
Il auroit meilleure memoire.

SCENE DEUXIE'ME.

DE'MOCRITTE *seul lit le Billet.*

PHILOXENE à DE'MOCRITTE, *Salut.*

J'Ai passé quelques jours à ma maison de campagne, avec cinq ou six Senateurs de mes amis, où nous avons lû votre dernier ouvrage. Damastus & son orgueilleuse épouse, ont pris le tems de notre absence, pour s'aller plaindre amerement de votre conduite aux autres Senateurs, mais principalement du mariage que vous projettez, disent-ils, de faire avec l'aimable Sophie. Vous sçavez que la femme a pour pere un des plus anciens du Senat, & qu'elle y a plusieurs autres parens. Mes amis & moi de retour, nous avons trouvé tous les esprits très-indisposez contre vous: Je vous supplie donc, mon ami, de ne plus marquer aucun penchant pour cette belle fille, ni en public, ni en particulier, parce que vous êtes observé de près. J'irai au plutôt m'entretenir avec vous sur cette affaire.

Démocritte, après avoir rêvé quelque tems, poursuit ainsi.

Dieux, quel aveuglement ! puis-je être plus confus ?
La Ville, le Senat, mon frere Damastus.
Tout le monde enfin sçait que j'aime,
Comme le veut Philolaüs ;
Moi seul, jusqu'à present, je ne l'ai pas sçû moi-même.
Quelle imbecilité ! quelle ignorance extrême !
Sortons, sortons de cet abus.
Oüi, mes détours sont superflus ;
Je croyois simplement estimer sa sagesse,
Sa candeur, sa bonté, son esprit, ses vertus ;
Mais non, ne nous y trompons plus,
Sa beauté même m'interesse ;
Ses yeux, ses traits, son air, me touchent tour à tour ;
C'est ce qu'on nomme de l'amour,
De la veritable tendresse ;
Je le connois enfin, j'aime, & j'aime bien fort ;
Et tout le monde n'a pas tort.
Sied-il bien d'aimer à mon âge ?
A moi, sur tout, qu'on nomme un Philosophe, un Sage ?
Mais pourquoi non ? la nature a des droits
Dont on doit tôt ou tard s'acquitter une fois.
Oüi je m'en fais un vain scrupule,
Pour un plus digne objet puis-je avoir de l'amour ?
Je n'y vois rien du ridicule
Que d'en esperer du retour.
Il n'est pourtant pas impossible
Que Sophie, à son tour, n'y pût être sensible ;
Je suis encor bien loin du titre de barbon ;
Mais quand j'en aurois l'esperance,
Sophie a le cœur juste & bon ;
Sa mere, elle, & sa sœur, m'ont obligation,
Pourrois-je distinguer avec pleine assurance
L'amour, de la reconnoissance ?
Mais s'il s'alloit trouver par un heureux hazard
Qu'à son cœur j'eusse quelque part,
A cet attrait si doux le mien doit-il se rendre ?
Si la belle m'aime en effet,
J'aurois perdu le sens de vouloir m'en défendre ;

Oüi, je ſerois un fou parfait.
Il s'agit ſeulement, pour ne m'y point méprendre
De bien examiner le fait.
Cachons tout notre amour. Ne le dois-je pas faire ?
On l'ordonne au Senat ; c'eſt en obéïſſant
Que je connoîtrai mieux ſi j'ai dequoi lui plaire ;
Oüi, cherchons là-deſſus à me bien ſatisfaire,
Pour ne pas abuſer d'un cœur reconnoiſſant.
Mais je vois mon ami, dont la foibleſſe extrême
M'a fait un peu rire aujourd'hui,
Je dois craindre ſes yeux ; fuyons, & loin de lui
Allons rire à mon tour en ſecret de moi-même.

SCENE TROISIE'ME.

MYSIS, PHILOLAUS.

MYSIS.

HE bien ? le Patron, à la fin,
A-t'il déclaré le myſtere ?

PHILOLAUS.

Démocritte eſt un homme fin,
Qui paroît tout ouvert, & ſçait pourtant ſe taire.
A tirer ſon ſecret je m'éforçois en vain ;
Auprès de lui l'adreſſe eſt inutile,
Son tour railleur eſt un azile,
Où, pour peu qu'on le preſſe, il ſe ſauve ſoudain.

MYSIS.

Son ſilence, je croi, me rendra folle.

PHILOLAUS.

Patience, écoutez un mot qui vous conſole,
C'eſt qu'il approuve notre amour,
Et qu'il doit marier Sophie au premier jour.

MYSIS.

La marier ? bon défaite frivole,
Pour mieux écarter nos ſoupçons.

PHILOLAUS.

Il me l'a dit d'un air très-ſincere.

MYSIS.

Chanſons :

A qui la marier ? il ne paroît personne ;
Et vous prenez d'abord le change qu'il vous donne ?
Vous le croyez de bonne foi ?
Oh ! par Hercule, non pas moi.

PHILOIAUS.

Eh ! de grace, point de colere :
J'en atteste les Dieux, j'ai fait ce que j'ai dû.

MYSIS.

Redoublez donc l'instance, & pour me satisfaire
Allez le trouver.

PHILOLAUS.

Il me l'a défendu.

MYSIS.

Ah ! Ciel, puis-je souffrir une gêne plus rude ?
Je n'y puis plus tenir. Ah ! bon, voici ma sœur ;
Fuyez, je vais tourner de tous côtez la prude ;
Si je n'arrache pas le secret de son cœur,
Oüi, je mourrai d'incertitude.

SCENE QUATRIEME.

SOPHIE, MYSIS.

MYSIS.

CA, nous voici, ma sœur, en pleine liberté,
Loin du Pâtron & de la Mere,
Et je veux vous parler d'une petite affaire,
Dont votre cœur sera flatté ;
Mais entre nous point de mystere.

SOPHIE

Je prévoi quelque nouveauté.

MYSIS.

Vous aimez, j'en suis sûre, & cachez votre flame ;
Moi, j'aime aussi, mais on lit dans mon ame :
Or, travaillons de concert toutes deux
A rendre notre amour heureux.

SOPHIE.

Moi ? j'aime, dites-vous ?

MYSIS.

Oüi, car vous êtes sage,
Fille de très-bon sens, qui sçavez qu'à notre âge
On doit aimer, la nature le dit.

SOPHIE.

Mais, ma sœur, vous perdez l'esprit :
On doit aimer ?

MYSIS.

Oüi, pour apprendre à plaire,
Car c'est-là notre vrai métier ;
Et si quelqu'une le doit faire,
C'est vous, c'est moi, filles sans pere,
Sans naissance, & de bien n'ayant pas un denier,
Rien ne nous est plus necessaire.

SOPHIE.

Pourquoi donc plaire ?

MYSIS.

An de trouver des époux.
Voilà le fait prouvé.

SOPHIE.

Mais j'aime, dites-vous,
J'y reviens ; qui vous dit des sottises pareilles ?

MYSIS.

Qui ? mes deux yeux, mes deux oreilles ;
Ce sont quatre témoins sans reproche, je croi,
A qui je dois ajoûter foi.

SOPHIE.

Et qui vous ont-ils dit que j'aimois ?

MYSIS.

Démocritte.
J'aime Philolaüs, & le dis franchement,
Là ne faites point l'hipocrite ;
Car ce n'est point un mal que d'avoir un amant.

SOPHIE

Vous me faites rougir de votre hardiesse.

MYSIS.

J'ai pitié, moi de voir en vous tant de foiblesse.

SOPHIE.

Pour trouver des époux, allez, sçachez, ma sœur,
Qu'il faut avoir plus de pudeur.

MYSIS.

Et vous, ſçachez, ma ſœur, qu'avoir un peu d'adreſſe,
N'a rien qui ſoit contraire à beaucoup de ſageſſe.
Mais ſans perdre le tems en diſcours ſuperflus,
Je ſçais, ſi vous l'aimez, qu'il vous aime encor plus.

SOPHIE.

Ah! que vous vous trompez.

MYSIS.

Bon le ſoupir échappe,
Vous croyez l'aimer plus ſans doute, & ce coup frappe
Votre cœur délicat, bien autant que le ſien;
Je vois que vous vous ſentez bien.

SOPHIE.

Mais ſur quoi jugez-vous qu'il m'aime,
Quand je l'ignore encor moi-même?

MYSIS.

Quoi, ne vous l'a-t'il jamais dit?

SOPHIE.

Jamais.

MYSYS.

C'eſt juſtement ce qui fait mon dépit.
Ne diſſimulez rien, & je vous en conjure.

SOPHIE.

D'ordinaire je ne mens pas.

MYSIS.

Vous le croyez permis peut-être dans ce cas.

SOPHIE.

Non je dis la verité pure.

MYSIS

Mais pour vous, vous l'aimez, c'eſt de quoi je ſuis ſûre.

SOPHIE

Pour les ſecours que j'en reçois,
Pour tant de biens qu'il nous procure,
J'ai ſans doute pour lui l'amitié que je dois;
Ses bienfaits en ſont la meſure.

MYSIS.

Non, non, vous l'aimez autrement,
Et comme un veritable amant.

SOPHIE.

Ah? ma ſœur, en amour je ſuis très-ignorante.

MYSIS.

Pour vous y rendre plus ſçavante,
Répondez-moi ſincerement.
Quand dans Abdere il fait trop longue reſidence,
N'eſt-il pas vrai que ſon abſence
Vous cauſe en ſecret de l'ennui?

SOPHIE.

Il eſt vrai que je ſens beaucoup d'impatience
De le voir de retour chez lui.

MYSIS.

Et quand il vous rend ſa preſence,
Ne vous ſentez-vous pas le cœur tout réjoüi?

SOPHIE.

Oh pour cela, je l'avoüe, oüi.

MYSIS.

En dormant, quelque fois, ſon agréable image
Ne revient-elle point en ſonge à votre eſprit?

SOPHIE.

L'autre jour, cela me ſurprit,
Il me parloit de mariage;
Je ſentis du plaiſir, on ne peut davantage;
Vous vintes m'éveiller, & j'en eus du dépit.

MYSIS.

Son viſage, ſurtout, n'a rien qui vous déplaiſe.

SOPHIE.

Je n'y vois rien de trop irrégulier,
Mais ſon air toûjours gai me paroît ſingulier.

MYSIS.

Et quand il vous ſourit, cela vous fait bien aiſe.

SOPHIE.

Je n'ai point de chagrin que ſon rire n'appaiſe.

MYSIS.

Ma ſœur la Philoſophe, apprenez en ce jour,
Mais apprenez ſans aucun doute,
Que vous ſentez du bon, du veritable amour:
Où votre grand eſprit pourtant ne voyoit goute.

SOPHIE.

De l'amour? vous me faites peur.

MYSIS

Oüi, de l'amour, & du meilleur.

Ç,a, voulez-vous du ſien vous rendre plus certaine ?
La choſe eſt utile à ſçavoir ;
Pour ne vous plus flatter d'une eſperance vaine.

SOPHIE.

Non, ma ſœur, ce ſeroit offenſer le devoir.

MYSIS

Pourquoi donc ? l'offenſer, je n'en voi pas le crime ;
Votre jeuneſſe eſt la victime
Du plaiſir qu'il ſent à vous voir ;
A joüir du progrès d'une ſecrette flame,
Qu'il ſçait allumer dans votre ame ;
Enfin à goûter la douceur
De triompher d'un jeune cœur.
De cet amour qu'il vous inſpire
Il ſent toute l'utilité ;
Tout en va beaucoup mieux dans ſon petit empire ;
Il redouble vos ſoins & leur activité,
Sur tout, celui qu'on prend de ſa chere ſanté.
Quelque fois il entend que tout bas on ſoûpire,
Il vous ſerre les mains, il vous voit lui ſourire.... .
Vous rougiſſez ? d'où vient cela ?
Tout eſt très-innocent dans ce que je dis là.

SOPHIE.

Ou quittez ce diſcours, ou je quitte la place.

MYSIS.

Sophie, écoutez-moi, de grace ;
Ce que je dis n'eſt que pour votre bien :
En gardant toûjours le ſilence,
Il profite de tout, & ne s'engage à rien ;
Et cependant, chez nous, le bel âge s'avance.

SOPHIE.

Helas ! j'y prens peu d'interêt.

MYSIS.

Mais ſongez au mien, s'il vous plaît ;
On vous doit, vous ; marier la premiere,
Et mon hymen, à conclure tout prêt,
Par votre air indolent, va reſter en arriere.

SOPHIE.

Mais comment le faire parler ?

MYSIS.

Ça, je vais vous le reveler.
Vous en viendrez à bout à force de tendresse,
Flattez bien son espoir pour augmenter ses feux,
Plus vous le rendrez amoureux,
Plus il aura de hardiesse.

SOPHIE.

A quoi m'engagez-vous ?

MYSIS.

Allons, point de foiblesse ;
A la premiere occasion,
Marquez-lui de la passion
A titre de reconnoissance :
Comme si votre cœur, sur ce point délicat,
Des bienfaits qu'il répand sur nous en abondance,
Craignoit de lui paroître ingrat.
Je l'aperçoi qui vers ce lieu s'avance,
Retirons-nous toutes deux à l'écart,
Qu'il ne prenne votre presence
Que pour un effet du hazard.

SCENE CINQUIE'ME.

DE'MOCRITTE, SOPHIE, MYSIS, *cachées.*

DE'MOCRITTE.

J'Ai cru de loin voir en ce lieu Sophie,
Et j'y venois pour éprouver son cœur,
Lui parler d'un époux qui lui pût faire envie ;
Epoux imaginé selon ma fantaisie,
Tel qu'il faudroit qu'il fut pour faire son bonheur ;
Je connoîtrai par cette adresse
Si de ses sentimens elle est encor maîtresse.
De quel côté se sont tournez ses pas ?

MYSIS, *poussant sa sœur.*

Encor un coup, point de foiblesse... *elle sort.*

DE'MOCRITTE

Ah ! la voici, je ne me trompois pas ;

Venez, Sophie, apprendre une heureuse nouvelle,
La fortune vous offre un très-aimable époux ;
S'il est de votre goût, l'occasion est belle,
Le sort de votre sœur ne sera pas plus doux.

SOPHIE.

Ah ! Seigneur, épargnez à mon ame confuse
Pareille declaration ;
Je ne veux point sçavoir son nom,
Qui que ce soit, je le refuse.

DE'MOCRITTE.

C'est un peu trop tôt s'allarmer,
Je ne prétends en rien là-dessus vous contraindre,
Non pas même vous le nommer ;
Jamais de vos refus il ne pourra se plaindre.
Quoique son nom le fasse respecter,
Par son merite seul je le ferai connoître.

SOPHIE.

Je ne cherche point d'autre maître,
Tant qu'ici je pourrai rester.

DE'MOCRITTE.

Oüi ; mais, ma fille, il faut suivre la loi commune,
L'hymen est un état auquel on doit songer.

SOPHIE.

Satisfaite de ma fortune,
Pourquoi voudrois-je la changer ?

DE'MOCRITTE.

Ce n'est pas assez que la votre ;
Le ciel qui mit en vous des vertus, des attraits,
Vous les accorda tout exprès
Pour faire le bonheur d'un autre.

SOPHIE.

Quoi ! vous voulez, Seigneur, m'éloigner de ces lieux ?
Eh ! depuis quand y blessai-je vos yeux ?

DE'MOCRITTE.

Vous, y blesser mes yeux ? non, ma chere Sophie :
Je ne voi rien qui ne me plaise en vous ;
Mais le plus doux soin de ma vie
Est de vous voir bientôt unie
Avec un assez digne époux.

SOPHIE.

Helas ! par quel motif me pressez-vous de faire
Ce que vous connoissez à mes vœux si contraire ?

DE'MOCRITTE

C'est qu'il faut toutes deux un jour vous marier ;
Et votre ame à l'hymen si fort indifferente,
Fait languir votre sœur dans une longue attente ;
Car le votre va le premier.

SOPHIE.

Ah ! de bon cœur, j'en offre le remede ;
Si c'est mon droit, je le lui cede :
Qu'elle l'accepte, & j'irai l'en prier.

DE'MOCRITTE.

L'époux qu'aujourd'hui je propose,
Homme sage, bien fait, & pour vous plein d'amour,
Pourroit de vos dégoûts faire cesser la cause,
Notre Ville en fait cas, on l'estime à la cour.

SOPHIE.

Ah ! Seigneur, je renonce à la Cour, à la Ville,
Et ne sçais point de sort plus glorieux, plus doux,
Que celui de passer dans ce séjour tranquile
Les jours que la Parque me file,
Et d'y mourir auprès de vous.

DE'MOCRITTE

Où sont donc ces plaisirs pour une aimable fille,
Qui puissent à jamais l'arrêter en ces lieux ?

SOPHIE.

Je les croi ma patrie, & j'y voi ma famille,
En tous lieux la nature y brille ;
Tout y flatte mon cœur, tout y charme mes yeux.
Et ne comptez-vous rien l'agréable esperance
De vous y voir content de ma reconnoissance ?
En y rendant vos yeux châque jour les témoins
Et de mon zéle & de mes soins ?
Moi-méme j'y deviens plus sage & plus habile
Par vos secourables avis ;
Je sens que mieux ils sont suivis,
Plus mon merite croit, plus je vous suis utile ;
Très-souvent vous daignez converser avec moi ;

Je vous entends, enfin.... & je vous voi.

DÉMOCRITTE.

Toûjours quelque rougeur au visage vous monte,
Là là, ne craignez rien, parlez en liberté;
Défaites-vous de cette injuste honte,
Je prens les mots du bon côté.

SOPHIE.

Eh! pourquoi voudrois-je rien taire?
Je vous regarde comme un pere;
Mon cœur, à votre seul aspect,
Sent un mouvement qui le presse,
Mêlé de joye & de respect,
Qui des liens du sang égale la tendresse;
Non, je ne puis assez vous faire concevoir
Ce qu'il a sur moi de pouvoir;
Mais c'est encor bien peu pour pouvoir reconnoître
Tant de bienfaits d'un si bon maître.

DÉMOCRITTE.

Quoi? quand nous conversons tous deux,
Là, tout de bon, quelque plaisir vous touche?

SOPHIE.

Un favorable mot sorti de votre bouche
Me met au comble de mes vœux.

DÉMOCRITTE.

Je croi que pour un Philosophe
Je ne suis pas trop serieux,
Car un homme de notre étoffe
Est quelque fois bien ennuyeux;
Au moins ai-je le mot pour rire.

SOPHIE.

Quand vous étes de bonne humeur,
Non, je ne puis assez vous dire
Ce que votre air joyeux inspire;
Il saisit, il entraîne, il enchante le cœur.

DÉMOCRITTE.

Vous voyez qu'une joye innocente & secrette,
Est de toutes la plus parfaite,
Sans le scandale qu'au grand jour
Fait éclatter ce qu'on appelle amour.

SOPHIE.

Eſt-il donc interdit au ſage,
Cet amour qui ne vous plaît pas ?
On dit bien que les Dieux, quelque fois ici bas,
N'en ont pas dédaigné l'uſage.

DE'MOCRITTE.

Ma fille, laiſſons-là les Dieux ;
Vous n'en pouvez parler avec trop de reſerve ;
Croyez-en ſeulement ce qu'en dit en ces lieux
Le Sacrificateur du Temple de Minerve.
Il eſt des ſens cachez, des ſecrets là-deſſous,
Qui ſont trop au-deſſus de vous.
Je ne dis pas pourtant que l'amour ſoit un crime,
Et vous étes dans la ſaiſon
Où ce deſir peut être légitime,
Sur tout quand on ſoumet ſon cœur à ſa raiſon,
Et quand l'amour eſt fondé ſur l'eſtime.

SOPHIE.

Dans l'infortune où je me voi,
Un eſtimable époux ne ſeroit pas pour moi.

DE'MOCRITTE.

Pourquoi non ? la beauté, l'eſprit & la ſageſſe
Sont en droit d'aſpirer à tout ;
N'eſt-il plus d'amans de bon goût
Que le ſeul merite intereſſe ?
Vous venez d'en refuſer un
Qui n'étoit pas d'un merite commun ;
Et je puis en connoître un autre
Plus vivement encor touché de vos appas.
Comme il eſt de mon goût, il peut être du votre ;
Mais il a des raiſons de ſoupirer tout bas ;
Et quand il ſera tems qu'il declare ſa flame,
Vous pourriez bien en faire cas ;
Car d'aujourd'hui j'apprens à lire dans votre ame,
Et j'y voi naître un feu qui ne me déplaît pas.
Que le merite en vous anime l'eſperance :
Mais je voi votre ſœur qui porte ici ſes pas ;
Adieu ; ſur votre amour gardez bien le ſilence.

SCENE SIXIE'ME.

SOPHIE, *seule.*

QUe je sens un doux embarras !
O ciel ! par ce discours si flateur & si tendre,
Qu'a-t'il voulu me faire entendre ?
Et quel est cet amant dont je dois faire cas ?
M'est-il permis de le comprendre ?
Ce n'est, dit-il, que d'aujourd'hui
Qu'il voit naître un feu dans mon ame ;
Et je viens en effet de lui marquer ma flame :
Il voit donc que ce feu vient de naître pour lui,
Il ne m'en blâme point ; m'aimeroit-il lui-même ?
Mon incertitude est extrême.
Helas ! si j'ai sçû le toucher,
Qui l'oblige à me le cacher ?
Suivons, du moins, suivons la loi de mon cher maître,
Renfermons notre feu naissant,
Peut-être qu'en obéïssant,
Mon amour à lui seul se fera mieux connoître ;
Peut-être qu'à son tour lui-même il en ressent.

MYSIS, *qui s'est avancée.*

Vous avez certain air qui m'est de bon augure ;
Hebien donc ? votre amant s'est-il declaré tel ?

SOPHIE.

Il garde un silence éternel.

MYSIS.

Hom, ce n'est pourtant pas ce que je conjecture.

SOPHIE.

Non, Mysis, il ne m'aime pas.

MYSIS.

Je me connois en amans, ce me semble,
Et depuis très-long-tems je vous observe ensemble ;
Il n'auroit point d'amour ? Est-il donc ici-bas
Quelque chose qui lui ressemble ?

SOPHIE.

Il l'auroit declaré dans un tendre entretien,
Où mon cœur s'expliquoit trop bien.
J'ai fait mille éforts de tendresse;
Hélas! je les ai perdus tous;
Et bien loin de répondre au beau feu qui me presse,
Il vient me proposer deux differens époux.

MYSIS.

Vous sçavez à quel point votre hymen m'interesse;
Hebien, ma sœur, le croirez-vous?
Ce que j'apprens me fait le plaisir le plus doux.
Il ne vous aime point? je vous en felicite,
C'est pour vous un très-grand bonheur,
Quand sa main vous est interdite,
De n'avoir point encor à regreter son cœur.

SOPHIE.

Par là, Mysis, que prétendez-vous dire?

MYSYS.

Que votre hymen est pour lui défendu,
Que contre lui tout le monde conspire;
Que cet hymen l'auroit perdu,
Que vous n'y devez plus prétendre:
Qu'aux cris de Damastus le Senat s'est rendu;
Dans l'instant je viens de l'apprendre;
Criton, le Jardinier, l'a lui-même entendu
De la bouche de Philoxene;
Jugez si la chose est certaine?

SOPHIE.

O fatal éclaircissement!
Par sa défense odieuse & barbare,
Le Sénat aujourd'hui le premier me declare
Que Démocritte est mon amant.
Hélas! puis-je en douter encore?
Les voilà, ses raisons de soupirer tout bas;
On m'en assure enfin, Démocritte m'adore:
Mysis, vous ne vous trompiez pas.
Meritai-je du sort cette rigueur extrême?
Dans l'instant fortuné qui comble mes souhaits,
Dans ce moment flatteur où je connois qu'il m'aime,

J'apprens que je le perds, & le perds pour jamais.

MYSIS.

Allons, Sophie, en fille forte,
Soûtenez ce fâcheux assaut;
Il offre deux époux, choisissez au plûtôt,
Sans vous affliger de la sorte;
Que l'un des deux supplée à son défaut;
C'est à quoi tout mon zéle aujourd'hui vous exhorte;
Car enfin, ma sœur, il le faut.

SOPHIE.

Il le faut?

MYSIS.

Oüi, ma sœur, rien n'est plus necessaire;
Entre deux aimables époux,
L'éfort d'en choisir un me paroît assez doux;
Car étant de son choix, ils auront de quoi plaire:
Il le faut pour sauver, lui, nous, & notre mere;
Pour calmer du Senat le terrible courroux,
Tout prêt à le bannir d'Abdere;
Car après, que déviendrons-nous?

SOPHIE.

On banniroit d'ici la vertu la plus pure?
Le penser, seulement, seroit lui faire injure:
Philoxene s'est diverti,
Ou, quand la chose sera sûre,
Je sçaurai prendre mon parti.

MYSIS.

Un mari, le voilà, le parti qu'il faut prendre.

SOPHIE.

C'est un peu trop-tôt s'allarmer,
De la cause du bruit je prétens m'informer;
C'est de lui que je veux l'apprendre:
Est-ce un crime que de m'aimer?

MYSIS.

Non, mais on le pretend. Dans Abdere on publie
Que c'est cet amour en partie
Qui lui rend le cerveau mal sain;
Qu'on fait venir exprès un très-grand Medecin
Pour le guerir de cette maladie.

Qu'on appelle ici des Sçavans
Qui l'examineront sur la Philosophie,
Où Damastus prétend qu'il a perdu le sens.

SOPHIE.

Je sçai que des sçavans y viennent en visite;
Mais pour l'examiner, ne croyez point cela.

MYSIS.

Ah! je pense que les voilà.

SOPHIE.

Allez l'en avertir, ma sœur, & courez vîte:
J'ai l'ordre de les recevoir,
Ce sont gens d'un rare merite.
O ciel! que dévient mon espoir?

SCENE SEPTIEME.

ARISTIPPE, DIOGENE, STRATON, SOPHIE.

ARISTIPPE.

Du sage Démocritte est-ce ici la demeure,
Ma belle enfant?

SOPHIE.

Oüi, Monsieur, la voici.

ARISTIPPE.

Peut-on lui parler?

SOPHIE.

Tout à l'heure,
Il va, Messieurs, se rendre ici..

ARISTIPPE.

Vous avez tout l'air d'être aussi
Ce qui porte chez lui le beau nom de Sophie;
Car on dit qu'elle est belle, & qu'elle a de l'esprit.

SOPHIE.

C'est mon nom. Laissons-là, Monsieur ce qu'on en dit.

STRATON.

Elle est jolie.

DIOGENE.

Et très-jolie:
Ce morceau-là réveille l'appetit;

A peine en tout Corinthe ai-je vû ſa pareille.
Mignone, * vous frappez les cœurs d'un coup ſubit.

ARISTIPPE.

Diogene, épargnez cette jeune merveille,
A la beauté c'eſt faire un attentat,
Que d'oſer prophaner un teint ſi délicat
De votre main rude & groſſiere.

DIOGENE *en colere.*

Ariſtippe le damoiſeau,
Mon bâton ſur votre manteau
Pourroit tomber de plus rude maniere.

STRATON.

Doucement donc.

SOPHIE.

Tout beau, Monſieur, tout beau.

ARISTIPPE.

Straton, liez ce colerique,
Souvent près de Laïs, quand la mouche le pique,
Il devient contre moi fougueux comme un taureau.

à Diogene.

Monſieur, quelques égards au moins pour cette Belle.

DIOGENE.

Flatteur de Cour, ſois bien ſûr que ſans elle,
Je t'aurois aſſommé de coups.

SOPHIE.

Là, là, mon cher Monſieur, tout doux.

DIOGENE.

Mon cher Monſieur: Ah! ce mot me déſarme,
J'immole ma colere à ce mot qui me charme.

SOPHIE

La paix eſt faite, allons, Meſſieurs, embraſſez-vous:
Je vais faire avancer le Seigneur Démocritte.

DIOGENE, *la retenant.*

Eh non, ne partez pas ſi vîte;
On peut auprès de vous l'attendre ſans ennui.

SOPHIE. *bas.*

Par bonheur le voici. Grace au Ciel j'en ſuis quitte.

DIOGENE.

Si je reſtois prés d'elle encor tout aujourd'hui,
J'en deviendrois, je crois, tout auſſi fou que lui.

* *En la flattant ſous le menton.*

SCENE HUITIE'ME.

DE'MOCRITTE, *Les trois Philosophes.*

DE'MOCRITTE.

Bon jour, Messieurs, je vous rens grace,
De me venir voir de si loin;
A vous bien recevoir je mettrai tout mon soin.
Est-il besoin que l'on s'embrasse?
Des Sages sont bien au-delà
De ces inutilitez-là:
Ils font bien; bannissons toute ceremonie;
Combien d'autres maux dans la vie?
Vous venez me voir, me voilà.

DIOGENE.

Son accueil est riant, mais il est un peu brusque;
On voit déja que la vapeur l'offusque.

STRATON.

C'est dommage: autrefois auroit-on craint cela?

DIOGENE.

Nous reconnoissez-vous?

DE'MOCRITTE.

Oh! oüi, Messieurs, sans peine.
D'abord; à vos haillons je connois Diogene.
Voilà Monsieur Straton, grave Stoïcien,
Qui de tout assurer, de tout sçavoir se pique,
Un des arcs-boutans du Portique;
Pour Aristippe & moi, Peuple Pyrrhonien,
Depuis long-tems nous nous connoissons bien.

STRATON

Il n'a pas perdu connoissance.

DIOGENE, *le voyant rire de sa figure.*

Non: mais voici, je crois, son accès qui commence.
Qu'en dites-vous?

ARISTIPPE.

Moi? je n'y connois rien.

DE'MOCRITTE.

Hébien, Messieurs, vous qui venez d'Abdere,

Dites-nous quelque nouveauté.

DIOGENE.

Volontiers ; mais j'en ſçais qui pourroient vous déplaire.

DEMOCRITTE.

A moi ? vous vous trompez ; j'aime la verité,
Et ſans elle, entre nous plus de ſociété.

DIOGENE.

Hébien, puiſqu'avec vous il faut être ſincere,
On dit que depuis peu votre bon ſens s'altere.

DEMOCRITTE.

Vous venez donc me voir par curioſité ?
Pour vous épargner le voyage,
Je vous aurois écrit avec ſincerité,
Que je ne me crois pas trop ſage.

DIOGENE.

Mais eſt-il bien vrai qu'à votre âge,
Vous allez épouſer certain jeune tendron ?

DEMOCRITTE.

Je parle ſur ce mariage
A la maniere de Pyrrhon :
Et je ne dis ni oüi ni non.

DIOGENE.

A vos meilleurs amis, pourquoi cacher la choſe ?
En auriez-vous quelque ſecrette cauſe ?

DEMOCRITTE.

Vous ſouvient-il qu'un jour certain homme indiſcret
Vous prioit d'offrir à ſa vûë
Je ne ſçais quoi, qu'en pleine ruë,
Sous le manteau vous portiez en ſecret ?
Si je ne veux pas qu'on le ſçache,
Lui dites-vous, eſprit tortu,
Pourquoi me le demandes-tu,
Quand tu vois que je te le cache ?

ARISTIPPE.

Voilà des curieux l'ordinaire ſuccès :
Diogene, ceci ne ſent point trop l'accès.

DIOGENE

Il a raiſon, oüi, changeons de matiere.
Changeons, ſoit. Accordez, Meſſieurs, à ma priere,

De résoudre entre vous ce point :
Doit-on aimer, ou n'aimer point ?

DIOGENE.

La chose à décider me paroît difficile.
Quand Laïs avec moi le prend du mauvais ton,
L'amour m'échauffe trop la bile ;
Mais quand elle change de stile,
Et prend l'air un peu plus mouton,
L'amour est bon, mais je vous dis fort bon.

DE'MOCRITTE.

Et qu'en dit le grave Straton ?

STRATON.

En aimant la raison s'oublie ;
Sans la raison l'homme est un sot ;
L'amour est donc une folie ;
Par force il faut lâcher le mot ;
Mais du moins, c'est la plus jolie.

DE'MOCRITTE.

Vous, Aristippe, à votre tour,
Pensez-vous si mal de l'amour ?

ARISTIPPE.

Moi ? j'accorde fort bien l'amour & la sagesse ;
J'en prens un peu selon l'occasion,
Et ma raison n'y voit rien qui la blesse ;
Il est chez moi plaisir, & jamais passion ;
La passion seule est foiblesse,
Et voilà ma conclusion,

DE'MOCRITTE.

Il est peine & plaisir, au sens de Diogene ;
Il est folie, à celui de Straton ;
Chez Aristippe, il est plaisir sans peine :
Lequel des trois en croira-t'on ?
Ou soyez sur l'amour d'accord tous trois ensemble,
Ou laissez-moi, Messieurs, aimer, si bon me semble.

DIOGENE.

Il conclut vraiment assez bien.

ARISTIPPPE.

S'il est fou, c'est si peu que rien.

STRATON.

Laiſſons là les amours, & tout ce badinage,
Telle matiere eſt indigne du ſage :
Eprouvons ſon eſprit, pour le connoître mieux
Sur des ſujets plus ſerieux :
Çà parlons de Philoſophie.

DE'MOCRITTE.

Soit.

STRATON.

A quoi vous appliquez-vous ?
Je veux dire, à quelle partie ?

DE'MOCRITTE.

M'appliquer ? je croirois être au nombre des fous
En m'appliquant à cela de ma vie.
Quelque fois je m'y divertis,
Et me fais une Comédie
De la fureur des differens partis.

STRATON.

Mais on eſt de quelqu'un ; voyons, quel eſt le votre ?

DE'MOCRITTE.

Tout ce que l'on croyoit ci-devant bien connu,
Eſt renverſé par le dernier venu,
Et ce dernier le ſera par un autre.
Je ſuis donc du parti, qui de là conclut bien,
Que vous ni moi, Meſſieurs, ne ſçaurons jamais rien.

DIOGENE.

Mais cela n'eſt pas bon à dire,
Et pourroit vous décrediter.

ARISTIPPE.

Bon, il ne le dit que pour rire :
Rire, n'eſt pas argumenter.

DE'MOCRITTE.

Les fous ne ſçavent point flatter.

STRATON.

Mais vous philoſophez vous-même,
Et vous avez fait un ſyſtême.

DE'MOCRITTE.

Philoſopher eſt un métier
Où châcun produit ſa chimere ;

Pour la mienne, Messieurs, quartier ;
Car quiconque y croit voir la verité bien claire,
Me fait rire tout le premier.

ARISTIPPE.

Sa folie est du moins sincere.

STRATON,

Auriez-vous donc renoncé tout-à-fait
Au métier que vous avez fait ?

DE'MOCRITTE

Oh ! que non. Je renonce à la Métaphysique,
Que j'appelle Châteaux en l'air.

DIOGENE.

Dans la Physique, y voyez-vous plus clair ?

DE'MOCRITTE.

Pas de beaucoup ; un peu dans la rustique :
Car à l'agriculture à present je l'applique,
Et c'est son plus utile emploi.
Nous soutenons des Theses de Physique,
Mon Vigneron, mon Jardinier & moi ;
Mais toûjours mes raisons cedent à leur pratique ;
Et quand nous disputons au milieu de mes choux,
Le Philosophe a souvent du dessous.

DIOGENE.

Mais, Messieurs, ce discours me picque,
Il met son Jardinier presque au dessus de nous.

ARISTIPPE.

Il faut laisser dire les fous.

STRATON.

Le potager, sans doute, est votre Botanique ?

DE'MOCRITTE.

Je vous l'ai dit. J'employe un peu de Mécanique
Quand je fais travailler chez moi ;
Et je dirige son emploi
A soulager mon Domestique
Par quelques instrumens nouveaux,
Qui facilitent leurs travaux ;
Aujourd'hui c'est un cric, demain une poulie....

STRATON.

Le bel emploi pour la Philosophie !

DE'MO-

DE'MOCRITTE.

Je ne ravalle en rien sa dignité,
Quand j'y cherche l'utilité.

DIOGENE.

Et la Morale, à vos choux inutile,
Par consequent vous occupe le moins?

DE'MOCRITTE.

Elle est l'unique objet, digne de tous mes soins,
C'est elle qui me rend & joyeux & tranquile,
Le plus grand de tous mes besoins.

DIOGENE.

Vous allez voir qu'il vous va dire
Que la Morale le fait rire.

DE'MOCRITTE.

Eh! vraiment oüi, vous y voilà,
Elle n'est bonne qu'à cela;
De notre cœur elle est la Medecine,
Y calmant la guerre intestine
Qu'y cause châque passion;
Elle guerit l'imagination
De tout objet qui la chagrine;
Et notre ame, par là goute un repos constant.
Or, on rit quand on est content.

DIOGENE.

Malgré tout ce qu'on en peut dire,
Il n'est pas si fou qu'on le croit;
Ne fût-ce que par cet endroit;
Je voudrois * seulement qu'il s'empêchât de rire.

DE'MOCRITTE.

Mais, à propos, Messieurs, vous venez d'assez loin,
Il faut vous rafraîchir, vous en avez besoin;
Le dîner vous attend sur table,
J'ai d'assez bon vin au buffet,
Et c'est moi-même qui l'ai fait:
Quand on fait du bon vin, n'est-on pas raisonnable?

ARISTIPPE.

Courage, allons, Messieurs; car si son vin est bon,

* *Démocritte donne de tems en tems des bouffées de rire, regardant la figure comique de Diogene.*

J'augure bien de sa raison.

DIOGENE.

Beuvons toûjours, si le vin est passable,
Que notre hôte soit sage ou non.

SCENE NEUVIE'ME.

MYSIS, & LES PRECEDENS.

MYSIS.

Un Medecin arrive ici d'Abdere,
Monsieur, qui demande à vous voir.

DE'MOCRITTE.

C'est, je crois, Hipocratte, allons le recevoir.
Messieurs, un tel convive, aura dequoi vous plaire,
C'est un homme d'un grand sçavoir;
Et sur tout un ami d'un joyeux caractere.
Mysis, comment, à peu près, est-il fait?
Hippocratte n'est pas de bien haute stature.

MYSIS.

C'est un petit homme propet,
Courtaut, ramassé, guilleret,
Assez content de sa figure;
Qui fait un peu le Dameret,
Et qui, malgré sa barbe grise,
Pour cacher ses ans, s'adonise;
Un beau petit jeune vieillard,
Que l'on ne prendroit point pour homme de son art,
Excepté que ses mains sont assez familieres.

DE'MOCRITTE.

C'est lui, je reconnois ses trop libres manieres.

MYSIS

Comment! tout en entrant il vouloit m'en conter.

DE'MOCRITTE

Je lui dois des égards, allons m'en acquitter.
Si Damastus ici l'envoye
Pour me guerir de trop de joye,
Il s'est trompé bien fort, car il va l'augmenter.

Fin du second Acte.

TROISIÉME ACTE

SCENE PREMIERE.

DÉMOCRITTE, *seul.*

J'Ai pris congé de nos Sçavans ;
Hipocratte, avec eux, étoit prêt à conclure
Qu'il me restoit quelque bon sens :
La chose, apparemment, n'est pas encor bien sûre ;
Puis qu'ils disputent si long-tems ;
Car il sçait bien qu'en ce lieu je l'attends.
Mais qui fait accourir Philolaüs si vîte ?

SCENE DEUXIÉME.

PHILOLAUS, DÉMOCRITTE.

PHILOLAUS.

AH ! mon ami, tout est perdu ;
Le Senat contre vous de plus en plus s'irrite :
Le bruit de votre éxil est par tout répandu.
Vos gens, qui de Sophie ont escorté la mere,
Dans ce moment sont de retour d'Abdere ;
Et m'ont dit, que l'ayant elle-même entendu,
Au lieu d'aller au Temple y faire sa priere ;
Se rendant au logis du premier Senateur,
Elle y succombe à sa douleur.
Mais quoi ? ce que je dis ne vous afflige guere :
Est-il donc tems de rire au milieu du malheur ?

DÉMOCRITTE.

Je ris de vos frayeurs sur un bruit populaire ;
Vous sçavez Philoxene au Senat mon appui.

PHILOLAUS.

Gardez-vous de compter ſur lui,
Dans ſa propre maiſon il arrête la mere,
Vous ne la verrez d'aujourd'hui.
Les autres Senateurs, parens de votre frere,
L'ont emporté dans cette affaire.
Votre Livre nouveau les faiſoit balancer ;
Mais l'éxil eſt conclu, la Sentence en eſt prête,
Tantôt des Députez viendront vous l'annoncer ;
Philoxene a voulu lui même être à leur tête.

DE'MOCRITTE.

Le peuple a ſon avis, le Senat a le ſien ;
L'équité du dernier me fait eſperer bien,
Ses lumieres, ſur tout, fondent cette eſperance.
Allez dire à mes gens de garder le ſilence,
Et que de tout ceci les ſœurs n'apprennent rien.

PHILOLAUS.

Vous avez trop de confiance.

DE'MOCRITTE.

Et vous, vous avez trop d'amour.
Partez, allez, avant la fin du jour,
Nous ſçaurons qui des deux a le moins d'imprudence.

SCENE TROISIE'ME.

HIPOCRATE, DE'MOCRITTE.

DE'MOCRITTE.

Mais j'apperçois Hipocrate de loin ;
S'il croit encor de moi tout ce que l'on publie,
Il vient apparemment me guerir de folie :
Je vais auſſi pour lui prendre le même ſoin.
Le plaiſant projet que le notre !
Deux foux vont travailler à ſe guerir l'un l'autre.

HIPOCRATE *a parlé d'abord.*

Comment donc ? il eſt ſeul, & je l'entends qui rit ?
Fy, cela ne vaut rien, fâcheux diagnoſtique,
C'eſt un ſymptôme qui m'indique
Alteration dans l'eſprit.
De grace, dites moi mon très cher Démocritte,

Quel ſujet, étant ſeul, à rire vous excite ?

DE'MOCRITTE.

Quand je ſuis ſeul je ne ris que de moi,
Contempler ma folie eſt alors mon emploi ;
De tous les animaux, l'homme eſt le plus riſible.
Il a lui ſeul auſſi, je croi,
La faculté de rire & d'un autre & de ſoi ;
Je ſuis à ce plaiſir animal très ſenſible,
Et je ris à preſent parce que je vous voi.

HIPOCRATE *a parlé d'abord.*

Juſtement, ſon accès commence.
Mon ami, quelle extravagance ?
Quoi, rire au nez des gens, & s'en mocquer d'abord ?
C'eſt une impoliteſſe extrême.

DE'MOCRITTE.

Hebien, riez de moi, mocquez vous-en de même,
Nous n'aurons pas tous deux grand tort.

HIPOCRATE.

Non mon ami, je n'ai pas lieu d'en rire,
Vous guerir de ce mal eſt bien plus mon deſſein ?
Un ridicule amour aggravant ce délire,
M'empêche d'eſperer de vous voir l'eſprit ſain,
Et doit faire trembler le plus fier Medecin.

DE'MOCRITTE.

Serois-je tout-à-fait convaincu de folie ?

HIPOCRATE

Tout-à-fait, non ; je viens d'être aſſuré
Que du côté de la Philoſophie
Votre eſprit n'étoit pas encor trop égaré.
Trop rire, trop aimer, & trop de raillerie,
Sont les points à preſent ſur quoi l'on vous décrie.
Sur quoi, petit mortel, vous croyez-vous en droit
De vous mocquer de tous les hommes ?

DE'MOCRITTE.

Sur ce qu'aucun de tous tant que nous ſommes
N'eſt exempt de folie, & qu'aucun ne le croit.
Je vous paroîtrai ſage, ou du moins raiſonnable,
J'en pourrai croire autant de vous,
Si notre folie eſt ſemblable ;

Et pourtant vous & moi n'en serons pas moins fous.

HIPOCRATE.

Je ne me croi point fou, quoi que vous puissiez dire.

DE'MOCRITTE.

Et voilà ce qui me fait rire :
Nous connoîtrons bien-tôt si vous ne l'étes point.

HIPOCRATE.

En attendant, venons au plus dangereux point ;
A votre hymen futur avec une affranchie,
Que Damastus soûtient votre grande folie.
Vous voulez épouser, dit-on,
Une fille qui fut jadis dans l'esclavage ;
Est-ce agir en homme bien sage ?
Là, faites y reflexion.

DE'MOCRITTE.

Avez-vous vû la fille ?

HIPOCRATE.

Non.
Faites-la moi donc voir, j'en ai très-grande envie.

DE'MOCRITTE.

Hola, quelqu'un, qu'on appelle Sophie.

HIPOCRATE.

Vous, un sage, un sçavant, homme d'un si grand nom,
Un heros en Philosophie,
Vous abandonnez-vous à votre passion ?
Bien est-il vrai qu'on dit que la fille est jolie ;
Mais il faut resister à la tentation.

DE'MOCRITTE.

Mon ami, je vous remercie,
Et je n'attendois pas un conseil moins prudent
D'un veritable Hyppolite en sagesse,
Sur qui l'amour n'eut jamais d'ascendent,
Surpassant en cela tous les Sages de Grece.

HIPOCRATE.

Ha ha ! vous me raillez : je le merite bien ;
Je ne suis pas un sot, & vous ne risquez rien.
Oüi, mon ami, je le confesse,
L'amour fut toujours ma foiblesse,
Par mon temperamment j'y suis un peu porté ;

Mais cette agréable folie
De tant de soins fâcheux m'a si fort agité
Pendant tout le cours de ma vie,
Que j'en suis à present tout-à-fait dégouté.

DE'MOCRITTE

On vient. Ah! bon, c'est justement Sophie.

SCENE QUATRIEME.

SOPHIE, MYSIS, DE'MOCRITTE, HIPOCRATE.

MYSIS, *à Sophie, au fond du Theatre.*

C'Est vous que l'on demande, allez vous presenter;
En secret, moi, je veux les écouter. *

HIPOCRATE, *s'échauffant peu à peu à l'aspect de Sophie.*

Elle est vraiment plus que jolie;
Dieux, quel éclat! quelle beauté!
Non, jamais dans une Affranchie
Je ne vis tant de grace & tant de dignité;
Mais profitons du droit de la ceremonie. ¶

SOPHIE, *se retirant.*

Seigneur, dispensez-moi de ce droit, je vous prie.

HIPOCRATE.

Un baiser de civilité
S'accorde après un long voyage,
La politesse vous engage
A souffrir cette liberté:
A la Ville, à la Cour, c'est par tout un usage.

SOPHIE.

Je fus élevée au Village;
Pardonnez ma rusticité.

HIPOCRATE.

Mais, charmante Sophie, un esprit si sauvage
Gâte en vous l'air de qualité.

SOPHIE.

Il me conviendroit mal dans un si bas étage;
Je ne l'ai jamais souhaitté.

HIPOCRATE.

Ah! mon ami, l'aimable fille!
On lit dans ses beaux yeux une noble pudeur,

* *Elle se cache.*

¶ *Il s'approche d'elle pour prendre un baiser.*

Elle est assurément d'une illustre famille,
Son air prévient, & va d'abord au cœur.
Donnez incessamment un époux à la belle,
Qui change sa fortune, & qui soit digne d'elle:
Oüi, le plûtôt est le meilleur,
Un époux à son âge est une bonne chose.
Hébien? que ditez-vous de ce que je propose? *à Sophie.*

SOPHIE

Que vous pouviez, Seigneur, parler un peu plus bas,
En donnant votre avis au Seigneur Démocritte.

HIPOCRATE.

Quoi! le mot d'époux vous irrite?

SOPHIE.

Fille pour qui ce mot peut avoir des appas,
Quand on le lui prononce en face,
Doit cacher ses désirs, & cela l'embarasse;
Fille à qui l'himen ne plaît pas,
De son dégout pour lui quelque aveu qu'elle fasse,
On croit toûjours qu'il est fait par grimace;
Le mot est fatiguant dans l'un & l'autre cas.

HIPOCRATE

Ah! si le mot vous fait de l'embarras,
Pour l'himen, tout du moins, je vous demande grace;
Vous devez mieux user des presens précieux
Que vous ont accordé les Dieux.

DEMOCRITTE.

Je lui laisse en cela liberté toute entiere.

SOPHIE

Changeons, s'il vous plaît, de matiere.

HIPOCRATE.

Que sa bouche est touchante! & qu'elle parle bien!
Faut-il que le respect près d'elle me retienne!
Ah! s'il m'étoit permis d'en approcher la mienne...
Mais pour la main *... comment, je ne baiserai rien?
Mon art permet du moins, & même ordonne
De consulter d'abord le mouvement du pouls.

SOPHIE.

Mon pouls m'indique une santé fort bonne:
Adieu, car il paroît trop agité chez vous.

* *Sophie retire sa main, qu'il veut baiser.*

HIPOCRATE.

Elle a raison, je lui pardonne.

SCENE CINQUIE'ME.

DE'MOCRITTE, HIPOCRATE, MYSIS, *cachée.*

HIPOCRATE.

LA voilà donc, celle que vous aimez,
Jusqu'à vouloir en faire votre femme ?
Ce n'est plus moi qui vous en blâme.

DE'MOCRITTE.

Je n'ai point là-dessus de desseins bien formez ;
Que me conseillez-vous, en ami ?

HIPOCRATE.

Par mon ame,
Vous vous adressez mal.

DE'MOCRITTE.

Pourquoi donc ?

HIPOCRATE.

Je ne sçai ;
Dans ce conseil je suis embarassé ;
Car si vous ne l'aimiez, je l'aimerois peut-être ;
Et mon conseil alors seroit interessé ;
Mais aussi, devenir le rival de son Maître,
C'est ce que je ne ferai pas.

DE'MOCRITTE, *bas d'abord.*

Je l'ai prévû. Sortez d'un pareil embarras,
Conseillez librement, & que rien ne vous gêne ;
Ma passion pour elle est encor incertaine ;
Parlez-moi très-sincerement.

HIPOCRATE.

Allons, soit. En hymen, avant toute autre chose,
On doit consulter sa santé ;
La votre est délicate, un doux lien l'expose
A l'entiere débilité,
La fille est belle, on a de la fragilité,
On se tuë à l'aimer, & l'hymen en est cause.

DE'MOCRITTE.

Mais vous, dont le temperamment
Est de plus ardente nature,

Et qui, comme on sçait, en aimant,
N'avez point de mesure,
Plus âgé, plus cassé, je croi,
Pensez-vous que l'hymen vous soit plus sain qu'à moi?

HIPOCRATE.

Soit, vous avez été plus sage;
Mais songez-vous aussi que je suis Medecin?
Que ma science a l'avantage
De rendre l'homme & plus jeune & plus sain?
Et qu'en hymen elle corrige l'âge?

DEMOCRITTE

Votre art souvent par trop de soin
De la santé hâte bien la ruine:
Et sur tout en hymen est un facheux besoin,
Et quand l'amour prend medecine,
C'est signe qu'il n'ira pas loin.

HIPOCRATE, *à l'oreille.*

Mais ne craignez vous point un peu le cocuage?

DEMOCRITTE, *de meme.*

Et vous, qui me passez en âge,
Vous croyez-vous plus exempt de ce mal?
Vôtre art a-t'il trouvé quelque bon cordial
Qui pour le supporter augmente le courage?

HIPOCRATE

Les sanguins comme nous s'en accommodent mieux
Que ces temperaments ou froids, ou bilieux:
D'ailleurs en grisonnant l'homme devient plus sage,
Il sçait tout doucement se soumettre à l'usage.

DE'MOCRITTE.

Voilà de vos avis le plus judicieux.
Ça, mon ami, soyons un moment serieux;
Quand vous voulez ici prendre encor une femme,
Parlez vous du fond de votre ame?
Car vous en avez deux, du moins on me l'a dit.

HIPOCRATE.

Qui vous a fait ce faux recit?

DE'MOCRITTE.

Mais qu'avez-vous donc fait de la jeune orpheline
Qu'on éleva chez vous, & qu'on nommoit Ægine?

HIPOCRATE.

Mon pere, homme trés dur, très avare, & très fin,
Apprit notre hymen clandestin;
Me fit faire un très long voyage,
Enleva mon secret menage;
Fit casser mon hymen d'un pouvoir absolu,
Un autre étoit tout résolu
Avec une très laide fille,
Mais riche, & d'illustre famille,
Dont l'esprit m'a toujours déplu,
Et malgré sa richesse & sa grande origine,
A mon retour je fis par tout chercher Ægine;
Mais par l'accablement des rigueurs de leur sort.
La mere & les enfans, helas! tout étoit mort.

DE'MOCRITTE.

Mais la laide l'est-elle? est-ce une chose sûre?

HIPOCRATE.

Oüy, pour la rechapper mes soins ont été vains,
Elle mourut n'a guere entre mes mains.

DE'MOCRITTE.

Vous ne fites jamais de plus heureuse cure.
Puisque vous êtes vœuf, il ne tiendra qu'à vous
De devenir encor époux,
Et vous ferez en homme sage.
Vous étiez vif autrefois en amour,
Mais ce feu s'éteint avec l'âge.

HIPOCRATE.

Au contraire, à present je le suis davantage;
Quand on devient sur le retour
Le temps d'aimer est cher, & par ménage
Je me hâte d'en faire usage.

DE'MOCRITTE.

Pour le mieux ménager, sans un plus long détour,
Dés aujourd'hui la chose sera faite,
Philolaüs aime aussi la cadette,
Par votre double hymen finissons ce grand jour.
Bien plus, j'y veux ajoûter une fête
Que depuis long-tems je tiens prête;
Citadins, habitans de mon joyeux séjour,
L'executeront tour à tour.

MYSIS, *sortant de sa cachette.*

Sortons ; eh que m'importe à present qu'on me voye !
Mon cher Maître, je suis au comble de la joye ;
Par hazard j'ai tout entendu ;
Vous m'accordez l'amant que j'aime ;
Mon cher beaufrere prétendu
Obtient de vous ma sœur de même ;
Tout conspire à notre bonheur :
Je vais, je cours, je vole en avertir ma sœur.

SCENE SIXIE'ME.

DE'MOCRITTE, HIPOCRATE.

DE'MOCRITTE.

LA folle va bien-tôt nous envoyer Sophie ;
Laissez-nous seuls, faites deux ou trois tours,
Je ferai naître en elle une plus forte envie
De bien écouter vos amours.

HIPOCRATE.

Oüi, je croi vos conseils pour moi d'un grand secours.

SCENE SEPTIE'ME.

DE'MOCRITTE, *seul.*

LA raillerie est un peu forte,
Je le joüe, il n'y manque rien ;
Sa foiblesse mérite bien
Qu'on la corrige de la sorte.
Il croit qu'on va l'aimer, & dès le premier jour.
Est-il possible, ô Dieu, que ce qu'on nomme amour
Rende un homme d'esprit si vain, si ridicule !
Son exemple me fait trembler ;
Ne suis-je point aussi crédule ?
Oüi, je crains de lui ressembler,
Et je puis, comme lui, m'imaginer qu'on m'aime,
A force de le souhaitter.
Mais quoi ? quand Sophie elle-même,
A cacher son amour, sent une peine extrême,
N'ai-je pas lieu de m'en flatter ?

Ah ! tâchons encor d'en douter,
Croyons-en mes vaines allarmes ;
C'eſt un nouveau plaiſir que mon cœur va goûter,
Et l'éclairciſſement a pour moi trop de charmes :
La voici, cachons nous, pour pénetrer ſon cœur ;
Attendons ici près qu'elle ait quitté ſa ſœur.

SCENE HUITIE'ME.

SOPHIE, MYSIS, DE'MOCRITTE, *paroît de tems en tems au fond du Théâtre.*

SOPHIE.

HEbien, ma ſœur, qu'avez-vous à m'apprendre?
Pourquoi m'amener en ce lieu ?

MYSIS.

Ecoutez un ſecret qui va bien vous ſurprendre,
Vous allez épouſer. . . .

SOPHIE.

Après.

MYSIS.

Un demi Dieu ;
Oüi, votre époux futur eſt un des plus grands hommes
Qu'ait produit le ſiécle où nous ſommes ;
Un géant en ſçavoir qui ſurpaſſe l'humain ;
Par la taille, entre nous, il eſt tant ſoit peu nain.

SOPHIE.

Quel eſt donc cet époux dont vous flattez mon ame ?
Ce géant, ce heros, demi Dieu prétendu ?

MYSIS.

D'Hipocrate aujourd'hui vous déviendrez la femme,
Il vous aime comme un perdu.

SOPHIE.

Vous m'annoncez toûjours de nouvelles merveilles.
Mais ce bruit-ci, de qui l'avez-vous entendu ?

MYSIS

Du Patron, en ce lieu, de mes propres oreilles.
Démocritte, Hipocrate, ici tous deux rendus,
Viennent de conclure la choſe ;
Hipocrate & Philolaüs
Seront nos deux époux, ils en ſont convenus,

Et la nouvelle est fraîche éclose.

SOPHIE.

Quant à vous, vous n'en doutez plus.
Comme l'hymen est votre grande envie,
Tout entretien parle d'hymen pour vous,
Tout homme a le dessein de dévenir époux;
Et vous croyez l'hymen le seul bien de la vie.

MYSIS.

Et vous, vous pensez aujourd'hui,
Parce que vous aimez le Seigneur Démocritte,
Qu'on ne peut être heureuse avec d'autre que lui;
Qu'il n'est ailleurs aucun merite.
Sophie, Hipocrate a le sien;
Et si vous le connoissiez bien,
Je ne vous verrois pas tant de peine à me croire.
Quelle fortune! quelle gloire!
Que de biens & d'honneurs pleuvront bien-tôt sur vous!
Epouser le grand Hipocrate,
Dont la gloire par tout éclatte!
Dont le sçavoir est si connu de tous!
En Europe, en Asie, en tous lieux il l'exerce;
Vous allez voir les Rois de Sicile & de Perse,
Pour obtenir les soins de votre illustre époux,
Par des Ambassadeurs, tomber à vos genoux.

SOPHIE.

Mysis, quittons ce badinage,
Vos discours éternels d'époux, de mariage,
Pourront bien à la fin attirer mon courroux.

MYSIS.

Je me ris de votre colere,
Je ne perdrai point mon amant,
Car vous épouserez celui-ci sûrement,
Vous aurez beau dire & beau faire.

SOPHIE.

Mais comment donc, ma sœur, parlez-vous tout de bon?

MYSIS.

On vous forcera bien à ne pas dire non,
A cet hymen vous êtes obligée,
Et par raison, & par devoir:

J'apperçoi Démocritte, & vous l'allez sçavoir ;
En vain vous ferez l'affligée.

SOPHIE.

O ciel ! je suis au désespoir.

SCENE NEUVIE'ME.

HIPOCRATE, SOPHIE, MYSIS, *qui sort.*

DE'MOCRITTE, *à Mysis.*

Comment donc! quel chagrin entre vous deux éclatte?

MYSIS.

Elle ne veut point d'Hipocrate.

SOPHIE, *en pleurs.*

Souffrez, Seigneur, qu'embrassant vos genoux,
J'exige une grace de vous.

DE'MOCRITTE.

Il n'est rien que de moi vous ne deviez attendre.

SOPHIE.

Hipocrate, dit-on, veut être mon époux ;
Je ne m'aveugle point, est-ce à moi d'y prétendre ?
Un tel honneur est au dessus de nous,
Permettez moi de m'en deffendre.

DE'MOCRITTE.

Un vrai merite à tout est en droit de s'attendre,
Votre sort avec lui sans doute seroit doux ;
Il est penetré de vos charmes ;
Et si.... Mais quoi ? vous redoublez vos larmes.

SOPHIE.

Non, je ne puis les retenir
Quand de prendre un époux on veut m'entretenir.

DE'MOCRITTE.

Quoi qu'Hipocrate ait ma parole,
Je puis encor la dégager,
Cessez de vous en affliger,
C'est trop tôt concevoir une crainte frivole.
Par ses grands biens, par ses rares talens
J'esperois qu'il pourroit vous plaire ;
Vous n'aimez pas les jeunes gens ?
Mais vous le refusez, soit, & je romps l'affaire.
Je vous dirai, par avis seulement

Qu'un si bel établissement
Merite qu'on y reflêchisse ;
Et que quand je serois moi-même votre amant,
J'éteindrois mon amour par un prompt sacrifice,
Pour vous laisser joüir d'un bonheur si charmant.

SOPHIE.

Vous aimeriez, Seigneur, bien foiblement,
Ou ce seroit vous faire une grande injustice.

DE'MOCRITTE.

Par le refus de cet illustre époux,
Je connois, ma chere Sophie,
Que cet amour né d'aujourd'huy chez vous,
A chaque instant s'y fortifie ;
Mais pourquoi differer de m'en faire l'aveu ?

SOPHIE.

Vous auriez trop à vous en plaindre,
Loin de vous declarer mon feu,
Je ne dois songer qu'à l'éteindre.

DE'MOCRITTE.

Vous me sçavez discret, ce seroit l'être peu
Que de vouloir vous y contraindre.

SOPHIE.

Une éternelle honte, un mortel repentir
Suivroient l'aveu de ma foiblesse ;
Je connois trop, Seigneur, votre austere sagesse,
Pour pardonner l'amour, il faut le ressentir.

DE'MOCRITTE.

Je ne crains point que cet aveu m'offense,
Vous avez trop de bon goût, de prudence
Pour avoir pû choisir un peu digne sujet ;
Je sçai d'ailleurs l'amour un droit indispensable,
Non, Sophie, il n'est condamnable
Que par le mauvais choix qu'on pourroit avoir fait.

SOPHIE.

On ne pardonne point un amour témeraire,
Mais helas ! est-il volontaire
Lorsque d'un merite parfait
Il est un effet necessaire ?

DE'MOCRITTE.

Si là dessus votre aveu ne m'éclaire,
Je ne puis décider de sa témerité ;
Mais je ne prétends point pénétrer un mystere
Que vous voulez couvrir de tant d'obscurité.

SOPHIE.

Vous, qui lisez si bien dans je fond de mon ame ;
Ignorez-vous l'objet d'une si juste flame ?

DE'MOCRITTE.

Quand je pourrois ne le pas ignorer,
Oserois-je le declarer ?
Non, je crains trop de m'y méprendre ;
Soyez libre dans votre choix ;
Non, si je veux jamais l'apprendre
Ce doit être par votre voix ;
Je le repette encor, je n'ose le connoître.

SOPHIE.

Vous ne l'osez, Seigneur, & vous étes mon maître ?

DE'MOCRITTE.

Eh ! ne voyez-vous pas qu'un maître, en le nommant,
Le proposeroit pour amant ?
Je connois votre complaisance,
Qui contre un premier choix peut vous déterminer ;
Vous nommer un amant seroit presque ordonner
De l'aimer par obéïssance.

SOPHIE.

Si le nommer vous fait tant d'embarras,
Seigneur ; ne m'y forcez donc pas ;
L'imprudente & foible Sophie
Doit cacher son secret le reste de sa vie ;
La raison, le devoir m'en font la dure loi,
Non, ne l'attendez pas de moi.
Je le redis encor, mon amour témeraire
Ne peut trop renfermer d'inutiles soupirs ;
Et malgré moi mon cœur a formé des desirs
Qui meritent de vous déplaire.

DE'MOCRITTE.

Vous connoissez en moi la tendresse d'un pere,
Jusqu'ici votre cœur ne m'avoit rien caché ;

Je vois avec plaisir que l'amour l'a touché,
Devez-vous là-dessus me faire aucun mistere?

SOPHIE.

J'en reçoi l'exemple de vous,
Qui du Senat encor me cachez la colere,
Quand je suis le sujet de ce juste couroux.

DE'MOCRITTE.

Devois-je vous parler d'une vaine chimere?

SOPHIE.

Vos secrets sont connus, Seigneur, je les sçai tous;
Je n'ai que trop appris votre peril extrême;
Mais je puis, grace au ciel, vous en tirer moi-même;
C'est pour me consoler un plaisir assez doux.
Par vos leçons mon cœur est dévenu capable
De faire un genereux effort:
J'appris à respecter les volontez du sort.
Pour vous le rendre favorable,
A Diane aujourd'hui je consacre mes jours;
Daignez dans ce dessein me prêter du secours;
Chaque instant près de vous me rendroit plus coupable,
Il faut, Seigneur, il faut vous quitter pour toûjours.

DE'MOCRITTE, *un genoüil en terre.*

Ah! c'en est trop, adorable Sophie,
Je suis au comble de mes vœux,
Quittez cette fatale envie,
Nous sommes reservez pour un sort plus heureux.
Vous m'aimez, & je vous adore;
Bien-tôt pour nous vous allez voir éclore
Le bonheur le moins attendu;
Dans ce jour fortuné vous allez vous connoître.

SOPHIE.

O ciel! je vois Philoxene paroître;
Ah! levez-vous, Seigneur, ou vous étes perdu.

DE'MOCRITTE.

Non, je ne risque rien, commencez à me croire,
Mon respect pour vous fait ma gloire,
Je veux, aux yeux de tous, à vos pieds abbatu;
Rendre un sincere hommage à la même vertu.

SCENE DIXIE'ME.

PHILOXENE, DAMASTUS, *les Députez & les Acteurs.*

DAMASTUS, *à Philoxene.*

Seigneur, vous voyez sa folie,
Il ne la peut nier, étant pris sur le fait.
Un Philosophe aux pieds d'une Affranchie !
Jugez s'il est un fou parfait.

PHILOXENE, *en riant.*

Le voilà convaincu de bien aimer Sophie.

DE'MOCRITTE.

Je l'avoüe, & même à l'excès.

DAMASTUS

Il travaille lui-même à perdre son procès.

HIPOCRATE, *à Philoxene.*

Seigneur, ce n'est pas là sa plus grande sottise ;
Je voulois bien l'épouser moi ;
Quand on a de grands biens, il est permis ; je croi,
De choisir épouse à sa guise ;
Mais après me l'avoir promise,
Je le trouve à ses pieds qui me manque de foi.

PHILOXENE

Mais quand à cet hymen votre main se destine,
Qu'avez-vous fait, Seigneur, de votre épouse Ægine ?

HIPOCRATE

Hélas ! je la regrette encor à tout moment,
Seigneur, elle est au monument.

PHILOXENE.

Eh ! mon ami, qu'alliez-vous faire ?
Ægine encor chez moi respire dans Abdere,
Et malgré son chagrin conservant ses attraits,
Est plus aimable que jamais.
Mes belles, voilà votre pere.

HIPOCRATE.

Dieux ! étois-je aveugle en ce jour ?

Sophie offre à mes yeux tous les traits de sa mere,
Qui confondoient en moi la nature & l'amour.
Eh ! par quel coup du sort trouve-je en ce séjour
Une famille à mes désirs si chere.

DE'MOCRITTE.

Votre pere inhumain les remit autrefois
Entre les mains d'un vieux Corsaire,
Qui vint les vendre dans Abdere ;
Je les achetai toutes trois ;
Reconnoissant Ægine en la voyant paroître.
Dans un second hymen vous étiez engagé ;
A vous cacher leur sort je n'ai rien négligé :
Car, que sçait-on ? pour les ravoir, peut-être,
Votre amour eût fait l'enragé ;
Je m'en suis volontiers chargé
Comme de ma propre famille ;
Vous voyez ce que j'ai fait.
Or vous ne voulez pas épouser votre fille,
Et je crois être mieux son fait.

HIPOCRATE.

Trop heureux de trouver un gendre ami parfait.

DE'MOCRITTE.

Philolaüs tout prêt d'épouser la cadette,
Ignorant sa naissance, & n'en esperant rien,
A prouvé qu'à present il la merite bien.

HIPOCRATE.

Accordez-lui ce que son cœur souhaitte ;
Qu'il soit votre gendre & le mien.

SOPHIE.

Seigneur, quand vous daignez vous nommer notre pere,
Mon esprit étonné d'un si parfait bonheur
Peut-il vous exprimer les transports de mon cœur ?
Le sentir, ce bonheur, l'admirer & me taire,
Ah ! c'est tout ce que je puis faire.

MYSIS.

Moi, ma sœur, plus sensible & plus vive que vous,
Je ne puis renfermer le bonheur qui me flatte.

à Hipocrate.

Mon cher pere, il faut qu'il éclatte ;

Que de bien à la fois le ciel répand sur nous !
Un pere illustre & riche, & de plus, deux époux.

PHILOXENE, *à Démocritte.*

Il est tems d'annoncer ce que le Senat pense
Sur ce qu'on nomme en vous, Seigneur, extravagance.
Nos Senateurs ont lû votre Ouvrage nouveau,
Et l'ont jugé l'effort d'un esprit si sublime,
Ecrit d'un stile & si clair & si beau,
Que pour vous en marquer une sincere estime,
Ils m'ont chargé de leurs presens.
Je vous apporte, en or, cinq cens Talens,
Pour fournir aux besoins de votre illustre vie,
Et pour la dot de l'aimable Sophie.

DAMASTUS.

O ciel ! à cet affront me serois-je attendu ?
Ah ! c'en est fait, mon honneur est perdu.

DEMOCRITTE.

Non, mon frere, oubliez seulement votre haine ;
Embrassons-nous, aimons-nous bien ;
Votre épouse à present, sans souffrir nulle gêne,
Peut voir sa belle-sœur, il ne lui manque rien,
Ni la naissance, ni le bien.
Ça, mes amis, voyons cette heureuse journée
Par une fête terminée :
Thalie arrive ici, dans son pays natal,
Et vient rire avec nous de l'humaine folie ;
Elle y donna jadis l'utile original
De l'innocente raillerie ;
J'en garde pour vous la copie.

SCENE DERNIE'RE.

Les Bourgeois d'Abdere qui ont des Maisons de campagne dans la Ville de Démocritte, & quelques-uns de ses habitans éxécutent la fête sous les personnages de Thalie, Muse de la Comedie, & de sa suite ; c'est-à-dire, des Ris, des Jeux, & des Graces badines.

THALIE *chante une lourre.*

L'Utile satyre
Tient ici son empire,
Mortels accourez tous ;
Venez apprendre à rire :
Nous rions des fous,
Reconnoissez-vous.

LE CHOEUR.

Nous rions des fous,
Reconnoissez-vous.

THALIE

Momus, plein d'allegresse,
Dans mes jeux s'interesse,
Et par mille bons mots
Y corrige les sots.

L'esprit dur & bizarre,
Le trop hardi menteur,
L'hipocrite imposteur,
Le Joüeur, l'Avare,
L'ignorant Medecin,
Le Malade bien sain,
La Prude & la Coquette,
Le Jargon précieux,
Le Marquis plat Poëte,
Le Pedant orgueilleux,
La femme trop sçavante,
Le brutal Financier,
Et l'Agnés innocente,
Le Vieillard jaloux,
Le ridicule Epoux ;
Tout genre de délire
Se guerit chez nous.

Mortels accourez tous,
Venez apprendre à rire :
Nous rions des fous,
Reconnoissez-vous.

LE CHOEUR.

Nous rions des fous, &c. ☞ *On danse.*

UN BERGER *chante le menuët suivant.*

Que le sort d'une jeune Bergere
En ces lieux est tranquile & charmant,
Son amour est sa plus grande affaire,
Son troupeau fait son amusement.
Son Berger est-il tendre & fidéle,
Au troupeau tout lui semble aller bien,
Dans nos prez tout est fleuri pour elle,
Le loup fuit à l'odeur de son chien.

THALIE *poursuit.*

Heureux habitans
De ce séjour champêtre,
Vous vivez contens
Sous un joyeux Maître,
Aux dépens d'autrui
Riez tous comme lui ;
La Ville en sots foisonne,
Je vous les abandonne. ☞ *On danse.*

THALIE *commence le vaudevile.*

Dans Abdere on voit regner
Sotise & malice,
Pourrions-nous les épargner
Sans quelque injustice ?
Faisons pleuvoir les bons mots,
La plaisanterie,
La medecine des sots
C'est la raillerie.

LE CHOEUR.

La medecine des sots
C'est la raillerie.

Il a, ce brillant Commis,
La fortune amie,
Aux emplois il est admis.
Sa femme est jolie ;
Tombons lui souvent à dos
A la Comedie.
La medecine, &c.

LE CHOEUR.

La medecine, &c.

En Crésus tout frais éclos
Notre Ville abonde;
Les grands aîrs de ces lourdauts
Blessent le beau monde;
Attachons tous nos grelots
Sur leur broderie.
La medecine, &c.
LE CHOEUR. La medecine, &c.
L'époux qui tient en secret
Un second ménage
Doit-il avoir du regret
De son cocuage?
Faisons chanter aux échos
Sa coquetterie.
La medecine, &c.
LE CHOEUR. La medecine, &c.
Nymphes aux pas si charmans,
Et vous Philomeles,
S'il est vrai que vos amans
Vous croyent fidéles,
Ils sont de vrais idiots,
Que chacun en rie.
La medecine, &c.
LE CHOEUR. La medecine, &c.
Voici l'instant, pauvre Auteur,
Pour toi redoutable,
Le Parterre est peu flatteur,
Mais Juge équitable;
Des chiflets, sur tes défauts,
Craint la symphonie.
La medecine, &c.
LE CHOEUR. La medecine, &c.

Fin de la Piece.

APPROBATION.

J'Ai lû, par ordre de Monseigneur le Garde des Sceaux, *Démocritte crû fou*, Comédie en Vers, & j'ai crû que la lecture de cette Piéce ne feroit pas moins de plaisir que la representation. Fait à Paris ce 6. May 1730. GALLYOT,

www.ingramcontent.com/pod-product-compliance
Ingram Content Group UK Ltd.
Pitfield, Milton Keynes, MK11 3LW, UK
UKHW020355180726
13839UKWH00003B/1126

9 782329 595238